关于中国的

50

个为什么

杨坚华
[德] 托马斯·利比希 著

人民东方出版传媒
东方出版社

目　录

序 言

　　1991 年，笔者第一次踏上德国的土地。那时，中欧之间的交流方兴未艾。德国人对中国充满好奇，友好中带着同情和疑惑。时至今日，这么多年过去了，世界各个领域都发生了翻天覆地的变化，互联网让世界各地之间变得不再遥远。其间，中国的变化与发展，更是令人目不暇接、眼花缭乱。

　　但令人感到惊讶的是，许多欧洲人尤其是德国人仍然墨守成规，对中国及中国人的看法夹杂着好奇、困惑、尊重、轻慢、恐惧……称得上五味杂陈。

　　有些德国人认为中国人仍然整天戴着斗笠、骑着自行车、车上驮着米袋；还有人认为只要是中国人就喜欢吃狗肉。有一次，一位德国朋友举办生日宴会，来宾中有一位德国的经济学家，他很严肃地阐述自己的观点：不断强大的中国在未来很可能发起一场战争。

　　面对这些，最初笔者感到尴尬、气愤，极力辩解。后来，笔者逐渐学会放弃这些无谓的争执。

　　这个世界，貌似存在着无缘无故的爱，也充斥着莫名其妙的恨。爱与恨的背后，往往藏着不被察觉的恐惧：恐惧失去、恐惧改变、恐惧接纳。因此，当大家面对未知事物尤其是外来民族、外来文化时，抵触、否定甚至拒绝，就成了一种自我保护的本能选择。

这并非人们集体"选择性失明"，概因大家所接受的教育和文化熏陶的差异，让各自的思维和视野有了不同的边界。而突破边界的努力，不但辛苦且伴随着痛苦，甚至还常常是徒劳的。因为那意味着对无知、懒惰的挑战，更是对权威、自我认同的颠覆。

当世界愈来愈聚焦中国，中国也以日新月异的发展态势呈现于世人面前时，各国对中国的各种新旧偏见自然也层出不穷，或见诸媒体或流于市井街巷。

诚然，我们每个人都带有偏见。德国著名思想家、作家歌德就曾说："我能确保正直，却不能保证没有偏见。"偏见虽然容易令人聚群结众，但它也造成了许多的误解、伤害和敌意，其个中滋味，唯有尝过歧视和偏见之痛的人才深有体会。

本书的另一位作者托马斯·利比希先生（Mr. Thomas Liebig），自学生时代就喜欢环球旅行，其足迹遍及世界各个角落。自小就对神秘的东方充满好奇和向往的他，更是在中国改革开放伊始就来到了中国。通过先后二十多次的中国行，利比希先生不但游历了中国的大江南北，还结识了许多中国友人。他熟记德语版的《论语》，也对中国各地的美食了如指掌，被其周围的朋友誉为"中国通"。

令利比希先生同样感到困惑的是，西方世界对中国及中国人的了解依然肤浅，仍抱有先入为主的成见。

通过多次的沟通和交流，笔者和利比希先生发现在很多问题上，我们的许多观点和看法不谋而合。这促使我们萌发了共同写作《关于中国的 50 个为什么》的愿望。从这个意义上来说，这本书更像是一本对答录。托马斯·利比希先生将自己以及周围的德国人，对中国的困惑和盘托出。我们在一起讨论，尝试站在不同的角度，通过一些中德之间的对比，尽量为大家还原一个真实的中国。

但正如观赏中国山水画，有人看到山，有人见到云，有人悟出道；有人感受到山水的壮丽，也有人寻觅画中的"人迹"……这个世界的模样，很大程度上是由我们的内心决定的。

有些人因种种原因，只能感知失去了色彩的世界，那么，世界在他们眼里，就会是另样的景观。

正因如此，我们更需要敞开心扉。唯有善意的表述，开诚布公的交流，相互尊重的沟通，才能让不同肤色、不同文化背景的人们放下戒备，携手共创地球的美好。

中华文明绵延五千年，至今仍保持旺盛的生命力，其蕴含的东方古老智慧，就像大海一样浩瀚无际。这本书中的问答犹如大海中的一小簇浪花。浪花虽不起眼，但海浪滚滚，由远而近，一波接着一波可以将大海的气息和声音传播至远方。

这也是我们写这本书的初衷，希望借助文字之旅，让人们跨越偏见、超越语言和国界，在理解中融合，在融合中共生、共长。

2019 年元旦于德国杜塞尔多夫

心灵篇

为什么中国人如此勤劳

为什么中国人不容易生气

为什么中国人如此能够忍耐

为什么中国人推崇"中庸之道"

为什么中国人那么爱面子

为什么中国人喜欢"越界"

为什么人们习惯将中国社会称作"人情社会"

为什么外国人很难读懂"中国式幽默"

为什么中国人似乎"缺乏"逻辑性

为什么中国人故土难离

为什么中国人如此勤劳

中国人的勤奋似乎成了一个彰显的标志，中国的孩子们从小到大，长辈们对其的训导常常是：笨鸟先飞、勤能补拙。有时候这甚至让孩子们形成一种错觉，怀疑自己是否智商真的不足，以至于需要后天的加倍努力来弥补，要不然父母为何整天如此唠叨？

中国人的超常勤奋，我们不妨从几个事例可以看出：一些在欧美投资的中国企业家们告诉媒体，国外建厂令他们最头疼的是招不到工人。

国外的失业率居高不下，按中国人的思维来看，大家应该拼命争取工作机会才正常。但却事与愿违，因为脏、累的活没人愿意干，技术含量高点儿的很多人又不愿意学。如果说发达国家是因为其高福利滋养了人的惰性，但在一些经济落后国家，却也存在"用工荒"的现象，工厂每次发完薪水，第二天出勤率少一半，员工们领了钱就玩乐去了。

比如说，许多国外的餐馆服务员一辈子就做这个老本行，但中国人却很少这样。他们往往起早贪黑从小工做起，省吃俭用把钱攒够，然后自己开一家餐馆。起初的餐厅可能就是个夫妻档，然后慢慢做大，再开分店……

相比世界其他国家，很明显，中国的年轻人往往更能吃苦，也更具备坚忍不拔的毅力。

笔者认识一位女孩子，她小时候家里很穷，父母重男轻女，连生几个女儿后，仍要超生，结果弄得家徒四壁。所以，尽管她天资聪颖，仍然中学毕业就不得不南下打工接济家用。在工厂，她每星期工作六天，每天十小时，虽然劳累，但她坚持利用业余时间读函授。整整六年，正值妙龄的她除了工作就是看书学习，终于拿到了函授本科文凭。领到毕业证的那天，她人生中第一次走进电影院，与好友们一起看场电影作为对自己的犒赏。然后又是一个拼搏的十年，现在的她博士毕业后留校任教。当笔者向身边的德国朋友讲起这个故事时，他们家的女儿流露出满脸的不可思议，一个青春女孩用十六年的勤奋，换来一份大学老师的工作，这是否值得？这种困惑缘于西方制度下催生出的西方人思维，而中国家长们则会把她当作榜样，作为"天道酬勤""只要功夫深，铁杵磨成针"的佐证来教育、鞭策自己的孩子。

有人认为这是因为中国古代长期以来都是农耕社会，而勤劳是农耕民族的宿命也是本分。农耕社会以农为本，不但要靠天吃饭，更需要一年四季开荒拓地勤奋耕耘。农民们春夏耕种秋季忙收，冬天要修整田埂、修堤防旱涝，为来年打好基础。所谓"人勤地不懒"。

但人都会有惰性，享乐是人的一种本性。只是生为中国人，"勤劳"作为一种被全社会认可的价值观，一种美德，被家家户户当作座右铭，成了大众眼中天经地义的常态。而懒惰、贪图享乐则往往会被斥"败家子"的行径而招致众人唾弃。

同时，因为中国社会救助制度以及福利制度仍然有待完善，大多数中国人，也主动将勤劳当作改变自己命运的方式和途径。

当前德国，员工们基本上每周工作 36 个小时，也很少有人加班。但在中国，却仍然有相当一部分员工是"九九六的工作制"，每天早上 9 点上班，晚上 9 点下班，中午休息 1 小时，一周工作六天。在中国，一大早的公交车上、地铁里，匆匆忙忙的都是手里拎着早餐袋的上班一族；深夜，无论是路边超市还是办公大楼，仍然是灯火通明。路边摊的老板会告诉大家，他这里是早餐与宵夜的交汇点，上早班的经常会遇见刚加完夜班的。中国许多地方都是 24 小时不夜城。

这在西方人眼中不可思议的劳动时间，却得到了不少中国人的理解。认为用勤奋来换取工作经验、职场晋升的机会，这是个人成长必须付出的代价。而这份"心甘情愿"的背后，有中国传统文化中"光宗耀祖"这种信仰的力量支撑，为了光耀门楣，绝大多数中国人将勤劳不懈视为成功的必要条件。

中国人勤劳的特点不但在中国体现得淋漓尽致，也发扬光大到了国外。各种调查数据显示，海外华裔群体领取社会救助的比例与其他族裔相比是最低的，犯罪比例也是极低的。中国人在海外不偷不抢不拿救助，唯一区别只是别人工作，中国人也工作；别人休息，中国人还在工作。依靠这份勤劳，当然不用伸手向政府要钱。

特朗普当选美国总统后，宣布要提升美国人的就业率。不过对于一个消费已占 GDP 比重高达 78％ 的国家，要改变一个人的工作态度和习惯，估计这要比创造就业机会更加艰难。

中国历来强调"授人以鱼，不如授之以渔"，中国也从曾经的"社会主义大锅饭"里得到惨痛教训，平均主义对劳动报酬差异的否定，会令社会经济发展严重滞后，也让勤劳民族变得懒惰。

中国四十多年所取得的奇迹般的经济飞速增长，正是得益于政府的改革开放政策，让中国人传统思想中的"勤劳致富"理念重新得以贯彻。而反观欧洲，政客们为了选票左倾，轻许各种福利承诺以及政府资助，越发激发出人性中的惰性；人的惰性使社会福利支出愈来愈入不敷出，如此形成恶性循环，一些欧洲国家已是负债累累，但仍然找不到解决问题的良策。更准确地说，方法一直都有，那就是"勤劳"加上"节俭"，但"由勤入惰易，由惰入勤难"，同样"由奢入俭难"，西方国家没有一个政党或一个政客愿意冒着失民心的风险而采取此项措施。怎么办？大概也只能一声长叹。

法国大文豪雨果曾说：懒散是一个母亲，她有一个儿子：抢劫；还有一个女儿：饥饿。

而作为一个中国人，可以自豪地说：正是凭着勤劳，十三亿八千六百多万人不但摆脱了饥饿的命运，更怀揣着希望和梦想，朝着明天一路高歌。

勤劳的农户

赵芹章 / 摄

为什么中国人不容易生气

    笔者的好几位外国友人在中国都有过这样美妙的经历：因为迷路而被热情友好的中国人开车送回酒店或其他目的地。

    虽然笔者和其他中国朋友都还没有享受过这份礼遇，但还是会在外国友人的叙述中生出一份自豪感。中国人在没有感受到危险、威胁，尤其是求助方来自遥远的异邦时，常常会乐意去展现自己友善的一面，而且这种萍水相逢的助人为乐，往往是真诚而不求回报的。

    与中国人打过交道的德国人常常会问："怎么中国人总是笑眯眯的？大家一起讨论问题时，中国人往往会趋向于回避矛盾以免引起争执，中国人会生气吗？"一些外国人，拿参观中国文物博物馆所见到的出土古代陶俑作为佐证：那些中国古代陶俑都是微笑的样子，面部神情充满喜感。

    而什么稀奇古怪都喜欢拿来研究的西方人甚至声称，中国人脸部肌肉的活动量是美国人的十分之一，欧洲人的五分之一。通俗地说就是中国人善于控制面部表情，喜怒哀乐不形于色。

    不过，一些常住中国，没事还喜欢东逛西逛的德国人很快会发现，其实中国人也常常会有怒发冲冠的时候。

中国的网络流行用语有一个新名词：玻璃心。用来形容一些人的内心非常脆弱敏感，就连别人不经意的玩笑都能伤害到他，而令他生气难过。

至于为何中国人给外界留下"不容易生气"的印象，不外乎以下几种原因：

首先，中国人普遍认为喜怒不形于色，这是个人修养和智慧的体现。

中国儒家经典"四书"之一的《中庸》就强调："喜怒哀乐之未发，谓之中；发而皆中节，谓之和。"意指人在不受喜、怒、哀、乐情感干扰时，心是宁静与平和的，不偏不倚，所以被称作"中"；若有情感牵涉，却能掌控好分寸，情感宣泄恰当，这就达到了和谐的境界，被称作"和"。所以，中国人自古就将是否能管控好自己情绪，当作衡量个人修养的准则。

人们常说："匹夫逞一时之勇，莽夫抒一时之气。"那种轻易生气发火的行为，在中国人眼里是鲁莽的表现，也是无能的象征。中国古代提拔官员时，常常会看重一个人是否具备"泰山崩于前而色不变"的心理素质。

在中国人看来，喜怒哀乐是一种本能反应，它是由基因遗传的，所以人人都具备，不值得一提。但掌控好情绪，往往需要经历一个克服本能的艰难过程，而这才能被称作本事，代表了一个人的素质和涵养。

其次，中国人的待客之道。

　　中华文明几千年，历朝历代几乎都尊奉儒家思想，《周礼》《礼记》《仪礼》都是儒学经典，儒家思想最强调的就是礼仪。被后世尊为圣人的孔子，毕其一生倡"仁"崇"礼"，致力于维护周礼，建立礼仪之邦。这些传统思想自然会对中国人的性格产生潜移默化的影响。

　　有时候，我们常常会听到人们这样的抱怨："他（她）的好脾气都给了外人，在家可完全不一样。"

　　人都有七情六欲，中国人自然也不例外。如果我们没见过某人情绪失控宣泄的样子，除非他真的具有圣贤般的好脾性，否则更大的可能性在于，大家在他的心目中不过是"外人"而已。中国人常常会对外人以礼相待，与亲朋好友在一起，才会展露自己无拘无束的真性情。

　　西方人士或许会对这点感到难以理解，甚至觉得这种表现很虚伪。有些德国人会认为他们对中国人难以产生完全的信任感，因为他们弄不懂，有时候中国人的眼神和肢体语言分明已流露出某种不满甚至厌烦的情绪，为何脸上却仍挂着微笑？

　　其实，对中国人来说，微笑可以表达自己的一种心情，也可以用来表示客套和礼貌。

　　中国历来是个讲究人情的社会，每个人每天都要应对各种各样的关系：上下级、同事、同乡、邻里之间……人们经常说："伸手不打笑脸人。"长辈们也常常会教育自己的孩子：为人处事要低调，得饶人处且饶人。在这种原则下，大家都会心照

不宣地维持外在的和和气气,不到万不得已,绝不会撕开脸面"宣战"。

像德国那种因为一些噪音干扰、树枝未及时修剪等问题,邻里之间就闹上法庭的现象,在中国人眼里,这实在有点儿太大惊小怪了。中国邻里之间当然也容易产生矛盾,但考虑到大家平常低头不见抬头见,大多数人都会忍而不语。哪怕心中升腾着无比怒意,双方不巧遇见了,还会笑着打招呼:"吃过饭了? 近来身体可好?"尽管言不由衷,却俨如训练有素的外交人员。

性格孤傲的会私底下自我宽慰:"我与谁都不争,与谁争都不屑。"个性激烈的甚至会说:"不小心被狗咬了,难道要反咬回去?"

总而言之,中国人在大多数情况下都会谨慎地回避纷争。

中国人喜欢回避矛盾和争执,还有一个重要原因,受儒家尊卑伦理的影响。尽管儒家的一些传统思想如"贵贱有等"令人感到窒息,但中国人聚在一起,往往自觉不自觉地在心中进行尊卑排序。在这种氛围下,对尊长者当面生气,是种"大不敬"的行为。

而职场人士,不光是对上司,哪怕同事之间,大家都会小心翼翼地维持表面的一团和气与客套,因为说不定哪天,同事就成了自己的上司,如果曾经交恶,后果难以设想,毕竟很多人家中都是上有老下有小。这种"不生气"说到底是"不敢生气",

所谓"人在屋檐下，不得不低头"的让步和妥协。

许多文艺评论家认为：喜剧比悲剧更难演绎。同理，保持微笑要比生气更加困难。习惯负重而行的人们，喜欢把泪水谎称为汗水，虽含些许无奈，更多的却是自尊。而一个不容易生气的民族往往比战斗民族更具生命力，正如中国古代老子《道德经》所言："夫唯不争，故天下莫能与之争。"

微 笑

罗宏 / 摄

为什么中国人如此能够忍耐

若一位西方人在中国生活一段时间后，旁人问其对中国人的印象，他多半会首推勤奋；再问，则通常会回答：忍耐。

中国人的"忍耐"已形成了一种忍文化，纵观世界，大概没有其他民族能够在困苦境遇中表现出中国人般的坚忍。就拿疼痛来说，一些报道称，人口数量比美国多 4.26 倍的中国，止痛药市场仅为美国市场规模的二十分之一。这也就意味着若按 1：1 的人口比例来看，美国人对止痛药的使用与中国人相比，要多八十多倍。

这其中部分原因是因为中国人担心止痛药会令人上瘾，或者有副作用。比如绝大多数中国产妇们仍然不采用无痛分娩，因为害怕镇痛治疗会对婴儿造成伤害。中国人对痛的忍耐程度，西方人若非亲眼所见，估计难以想象和相信。中国人把"忍痛"当作一种勇敢的表现。

除了能忍痛，中国人还能忍受其他一切磨难。概因"忍耐"自古就被中国人当作了一种修身养性的崇高精神境界。

儒家学派创始人孔子一直强调"克己复礼"，要求大家约束自己，安于本分，使自己的言行符合礼的要求。而"忍耐"正是儒家思想得以贯彻的保障。也因此，儒家思想被中国历代封建王朝当作治国思想的同时，忍耐精神也被统治阶层冠以个人美德的名义而大加宣传和推广，使它成为中国传统文化的组成部分，融入了中国人的血液当中。

中国古代有位张公艺（578—676 年），全家九百多人九代同堂（九代指整个家族的辈数，并非全是直系亲属）和睦相处。他本人经历了北齐、北周、隋、唐四代，享年 99 岁。《旧唐书》中记载：唐高宗与皇后武则天，带领文武百官去泰山封禅，途中亲自登门拜访张公艺。当皇帝询问张公艺治家良方时，他写了一百个"忍"字进献给唐高宗，皇帝为之感动，亲题"百忍堂"赐给张家。张公艺的后人将"一勤天下无难事，百忍堂中有太和"作为治家格言，代代相传。

汉字"忍"的文字结构为"心上一把刀"。中国人常说："君子忍人之所不能忍，容人之所不能容。"而君子在中国人概念里专指那些具有高贵人格，高道德标准的人。中国人普遍相信，成大事者都懂得隐忍，"忍"比逞匹夫之勇更需要意志力。

中国自古以来有不少忍耐的典范：越王勾践卧薪尝胆终得以雪耻；韩信忍胯下之辱终成一代名将；司马迁遭受腐刑忍辱完成中国第一部纪传体通史《史记》……这些都似乎在提醒人们，"忍"不是懦弱，而是一种生存智慧，一种策略。"忍"从来都不是目的，而是为了实现自己的目标而采取的以退为进的方法。

虽然西方国家信奉的基督教也提倡大家忍耐："凡事谦虚、

温柔、忍耐，用爱心互相宽容"，但像中国人这样诸事先忍的思想在西方人并不多见。

古今中外，固然有一些中国人因为超常的忍耐而成就伟业，名垂青史。但对大多数普通民众而言，因为缺乏藏在"忍"后面的雄心壮志，而只知一味地忍耐，这也使忍耐精神成了吞噬中国人血性的"麻醉剂"，用来增强现实生活中的抗压弹性。

忍耐，也让人们失去了创新思维。中国的农耕文明传承了几千年，一直到近代，犁、耙、锄头仍然是主要的农耕工具，耕耘方式依旧为人工畜力作业。这几千年中，大家就这么一代接一代地在田间辛苦劳作，很少去琢磨如何降低劳动强度，提高作业效率，好让自己和家人的生活变得舒适一点、轻松一点。许多现代化的农业机械都不是中国人发明和研制的。

谈及中国人的忍耐，不能不提及许多中国人相信的"宿命论"。不少中国人相信命运，相信缘分，认为"命中有时终须有，命里无时莫强求"。他们会将自己这辈子生活的优劣看成是前世的造化。"认命"是许多中国人日常生活中的口头语，这之中夹杂若干无奈的消极情绪，但也赋予了苦痛一种宗教意义上的解释，让苦难变得不再那么令人难以忍受。

不过，尽管对自己的人生采取逆来顺受的态度，人们却将重振家业，改变家族命运的希望寄托在了自己的下一代甚至下下一代的身上。

许多中国父母、祖父母们平时省吃俭用，却毫不犹豫地将大把金钱投入孩子的教育之中。如果孩子出息成材，那么他们曾忍受的一切苦痛，无论是身体上的还是精神上的，都有了宗教般的意义，那些曾经伤痛黑暗的日子也因此有了光芒。

把忍受变成享受，是一种精神胜利法，更是因为在忍受的黑暗中，大家的心里却充满光明。那个光明是希望带来的，如果能拥有希望，那么再困苦的境遇都不致令人陷入绝望。

既然"忍耐"被中国人当作传统美德，那么对那些衣食无忧却仍然抱怨的人们，中国人常常将其言行用一个中文字来高度概括："作"。按照这一标准，许多欧美人，尤其是稍不如意就罢工、抗议游行的西欧人，都成了中国人眼里最具"作"劲之辈，在中国人的概念里，西方社会目前的高福利已陷入"寅吃卯粮"的困境，这正是民众追求享受却不懂忍耐，政客们为了选票不断地开出"福利支票"，预支、超支国家财政收入，这迟早会拖垮西方国家的未来竞争力。

而西方人则认为中国人这种没有原则的忍耐，不仅只是令人失去了对疼痛的知觉，还使大家对美的感受和追求变得迟钝，这未免不是一种悲哀。

这就又回到了中庸之道的讨论。所有的品性，一旦向极限发展，就超出了理性而生成对自身的反制力。

不过，若一定要在忍与不能忍之间做出选择，相信大多数中国人仍然会毫不犹豫地选择前者。

负重前行

罗宏 / 摄

为什么中国人推崇"中庸之道"

　　平衡是一门艺术，它不但是一种客观的存在，维护着千姿百态的大自然，更被人类模仿，将其当作一门技巧运用到生活、学习、工作的方方面面。当今世界，甚嚣尘上的理论是，国家之间的贸易失衡造成世界经济失衡。关于这点，早在 2010 年，英国《金融时报》首席经济评论员马丁·沃尔夫先生就提出了"蚂蚁、蚱蜢和蝗虫"的论点，阐述勤奋的蚂蚁（比如中国、日本、德国）、追求享乐的蚱蜢（比如美国），在蝗虫（金融资本家）操纵下的共生关系。而被喻为勤奋蚂蚁的中国、日本、德国，因其贸易顺差而饱受当今美国总统的抨击。

　　中国人为自己的勤奋感到自豪，但他们并不认同蚂蚁的生存理念。"中庸之道"才是中国人惯有的思维方式，以及为人处事追求的原则。

　　产生于中国本土的宗教有两个：儒教和道教。大家若潜心研究会发现，儒教的核心思想"中庸之道"与道教倡导的"阴极阳生，阳极阴生"的概念，几乎如出一辙。

　　"中庸之道"不仅仅是儒家的一种思想理念，更是几千年中国传统文化的核心观念，它主张为人处事应当采取不偏不倚、调和折中的态度，既不要"太过"，也不要"不及"。儒家经典四书之一的《中庸》对其阐述为："不偏之谓中，不易之谓庸。中者，天下之正道，庸者，天下之定理。"

而道教认为大自然万物此消彼长，任何一种失衡都会导致自然界秩序的混乱，使人类本身也深受其害。道教的阴阳平衡说目前得到愈来愈多民众的认可。人们将其理论运用到饮食平衡、家庭财务收支平衡等日常生活的方方面面。比如每天进餐时注意摄入各种营养，各种食物均衡搭配，以保持身体健康。

受到"中庸之道"长期熏陶的影响，凡事"太过"，往往容易引起中国人的不安甚至憎恶。在中国人看来，一切极端的思维，一切的执念，到头来都会变成作茧自缚，使自己陷入困境。

中国人在擅长的烹饪技艺中特别强调对火候的掌控，如果火太猛或时间过长，容易使菜走味甚至焦煳；而微火或时间太短，菜肴又很可能半生不熟。高明的厨师会把分寸拿捏得恰到好处，这自然要靠经验的积累，更需要悟性。

同样，在高速公路上开车，超速或低速行驶都是违章。超速的危险性大家都明白，车速过慢则同样会妨碍其他正常行驶的车辆，造成追尾事故的发生。许多人也因此认为，从一个人的开车习惯可以看出此人的性格。那些开车不疾不缓、气定神闲者，生活中也会是个好伴侣和好伙伴。

"中庸之道"也被应用到政治层面。一个国家，同样需要拥有基本的社会平衡才能维持稳定。

法国是左派和右派名称的起源地。18世纪末的法国大革命时期，持保守主义立场的保皇党人坐在法国国民议会的右边，激进的革命党人坐在左边。自此之后，左右派之争一直贯穿于整个西方社会。左、右派政客轮番上台执政，又在民众不满情绪高涨时黯然下课。

2017年法国政坛新秀马克龙，宣称自己既不属于左派政党也不属于右派政党，是不偏不倚的中间派。这一倡议让对左、右政党都已失望透顶的法国民众似乎重新看到了希望，于是马克龙顺利当选法国总统，其新创的共和前进党也取得法国国民议会的大多数席位。

但一年多之后，马克龙不但民意支持率暴跌，法国民众更是走上街头，自发掀起了"黄马甲运动"。因为处于社会底层的普通民众感到自己受到了欺骗，认为马克龙的执政政策偏离了中立原则，明显地向右倾斜。

而反观德国政坛，物理学博士出身的默克尔总理，其执政方式颇有点中国的中庸之道，四平八稳。默克尔注重各种数据分析，并常常根据民意，借鉴、汲取其他党派之长为己所用，这种谨慎的执政风格帮助默克尔十多年来稳稳地坐在总理宝座上，应对各种危机。

但由于德国民调尤其是德国媒体的立场历来偏左，默克尔渐渐地带领原本秉持中偏右立场的基民盟执政党开始向左靠拢。而德国目前原本就是中偏右的基民盟/基社盟，与中偏左的社民党联合执政，默克尔执政的偏左倾斜使一些政治立场稍偏右的民众失去了政治家园。随着叙利亚难民危机的加剧，这一政坛失衡现象更加突显，持右翼立场的德国选择党（AfD）异军突起，一跃成为德国第三大党，引发德国政坛、媒体一片震惊。受此影响，默克尔总理 2018 年底宣布自己不再谋求政坛连任。

社会失衡不但危及国家的稳定，也让任何的改革措施寸步难行。因为任何一项举措，都会使某一群体受益，而另一群体利益受损。后者就会形成强大的反对力量。西方国家的任何改革只能试着前进一步再往后退半步或更多，保持一种让前进的步伐比退后稍稍多一丁点儿的节奏缓慢进行。概因目前西方国家已不可能承受得住任何"猛火"的洗礼了。

中国社会目前正在积极打造中产阶级，并鼓励中小企业发展。在这方面，德国的经验无疑值得学习和借鉴。虽然德国有一些世界驰名的大企业，如大众汽车、西门子、博世等，但德国还有一大批中小型企业，其遍布德国各个领域，不少至今仍由创始人家族成员在经营管理。这些企业家低调务实，大多数不为外界所知，但其企业产品却在业界享有很高的声誉。这些中小企业在创新力、产品精细化运营、员工忠诚度等方面遥遥领先全球同行。正是得益于大量中小企业的存在，德国经济发展在欧洲长期一枝独秀，也在相当大的程度上维持了整个社会的稳定。因为目前的欧洲社会，每时每刻都在进行博弈。政客们在研究和琢磨选票的来源和流向，各阶层民众在算计各党派所承诺的政策红利。

而中产阶层从其生活、工作、消费习惯出发，无疑是最希望岁月静好、现世安稳的群体。

中国人的中庸之道以及秉持此理念不愠不火的处事方法，在素有崇尚强者传统的德国人看来缺少鲜明的个性，甚至往往被当作是一种怯弱。

中国人对此虽不以为然，倒也不愿争辩。或许我们可以这样来理解，中国人从心底里并不畏惧个性强硬的对手，他们相信世上万事万物若太过强硬只会适得其反，所谓"兵强则灭，木强则折"。中国人最欣赏的男子性格是铁汉柔情，而女人的魅力则体现于柔中带刚。

这个世界既有信仰"丛林法则"的人，也不乏追求乌托邦、希望世界大同的理想主义者。

同时，贫与富、爱与恨、勤与惰……针尖对麦芒般地存在我们的周围。在这样的生存环境下，中庸之道或许是唯一的出路。这个世界需要真正的中立派领袖，当左派和右派斗得昏天黑地的时候，中立者就是那个擎着火烛之人，他既需要有足够的智慧和定力不被左右拉扯的力量绊倒，也需要有宽广的胸襟去聆听左右不同的声音，并给予理解的安抚。民众更需要那火烛的光亮，给他们希望，照亮他们前行的道路。

平　衡

罗宏／摄

为什么中国人那么爱面子

关于中国人爱面子的讨论已成了老生常谈，西方人常为此感到困惑，为面子观所累的中国人也试图改变民族这一习俗。但一种生活方式能沿袭几千年被保持下来，必然有其存在的价值和意义，甚至已拥有了人们对它的信仰。

记得笔者小时候，常跟着母亲去看戏。母亲的一位好友樊阿姨是唱湘剧的名角，专演花旦。樊阿姨总把我们母女俩直接带进剧场，很多时候笔者还能进到演员的化妆间，看她们往脸上涂上厚重的油彩。那时候笔者最喜欢看她们画眼妆，觉得妆后的眼睛亮晶晶的好看极了。笔者总对母亲说要是樊阿姨平常也这么化妆该多美啊，母亲就笑着说："那是唱戏画的面具，平常怎能这样？"

原来要演戏，要博得观众的喝彩，就需要将自己涂抹得非常漂亮。这是"面具"给笔者留下的最初印象。

等到自己渐渐懂事，笔者常常听到人们在交谈中提及"面子"，就像："你可要给我们长脸呀"，或者"某某真有面子"……

这让笔者联想起儿时看到的"面具"，一时竟弄不清楚"面子"与"面具"的区别。笔者的一位朋友总结说，"面具"主要用来扮靓或粉饰自己；"面子"是社会中每个人所获得的尊重。

笔者问朋友，如果人们戴着面具来赢得声誉，那么，"面具"与"面子"是否就属相辅相成？因为人生原本就是大舞台，各类角色你方唱罢我登场。名人们都很有面子，而笔者大概受化妆间景象的影响，一直固执地以为除了少数人的素面本色出演，其余人都画着面具扮演自己，这样的话，获得的"面子"也是真真假假，虚虚实实，往往一场暴风雨，毁坏了面具，面子也就跟着丢失了。

既然面子如此不堪一击，却为何让人们趋之若鹜？尤其是在中国，面子更是抵千金。

有人总结说，那是因为西方以罪感文化为主，而中国是耻感文化。

西方国家主要信仰基督教，人们相信，在上帝面前，人人都是有罪的，所以要时时自我忏悔，在神的感召下，进行自我反省，自我约束。

而中国儒家思想并不认同人"生而有罪"，儒家认为"人之初，性本善"。而要维持良知，就需要将"耻"作为自我约束的道德准绳。中国人及中国社会很多时候是受荣誉感、荣辱感的约束，并靠此维系家庭及社会秩序的稳固。孔子曾说"行己有耻"，认为一个人或一个民族有了羞耻之心，才知道有所为、有所不为。千百年来，这种"耻文化"深入中国社会各个阶层，形成了一股无所不在的道德力量。

如果说追求个性自由的西方人是活在自我的世界里，那么，绝大多数中国人则是活在别人的世界里，或者更确切地说，活在别人的眼光里。因为"耻感"来自社会及他人对自己的评价，久而久之，这种耻感文化演变成"面子观"的习俗，每个人都竭尽全力将自己最光鲜的一面呈现于社会及他人面前，同时也小心翼翼地保全他人在公众场合的形象。

在中国人眼里，面子是荣誉和声望，也代表自尊和尊严。中国社会没有西方世袭贵族那种固化的社会阶层，每个人的社会地位是借由他（她）在别人眼中的社会形象来决定的。所以，为了维护自己的社会地位，大家通常会使出浑身解数来保全自己的社会形象，尤其避免令自己处于蒙羞的境地。也正因为如此，相较于智商，中国人更强调情商的重要性。高情商的表现就是无论何时何地都会顾及他人的颜面。中国男人会因为家有贤妻而受到人们的艳羡，而贤妻的最基本条件就是要懂得维护丈夫在外的尊严。

众人集聚的场合，往往成为大家彰显及比拼面子的主要"舞台"。比如婚宴、生日派对……这也是为什么中国人现已成为全球奢侈品最大的消费群体。奢侈品俨然已成了一种身份地位的象征，可以为人们赢得面子。

中国人习惯用"打脸"来形容一个人的尊严受到了损害。中国有个别大企业，员工的薪酬福利非常好，但管理人员仍纷纷辞职，据称就是因为上司常常当众训斥管理层人员。这种举动，自然令员工因为颜面尽失而感到羞恼。所以，一旦有合适的机会，他们立马就会跳槽离去。

通常情况下，中国人说话做事更趋向于拐弯抹角而不是直奔主题，尤其是在需要批评与指正别人错误时，更会含蓄提示；在拒绝别人时，中国人也往往会注意措辞委婉。这样做，就给大家都留有周旋的余地，也尽量避免了因冲突而造成的当事人颜面扫地。西方人总是不明白为何中国人私底下可能对某人不屑一顾，当面不但不戳穿反而有说有笑？概因中国人都明白面子的重要，若非对某人深恶痛绝，总还是愿意维护大家表层的和气和礼貌。

当然，中国人当中也不乏我行我素、特立独行之辈，他们不在乎也不计较面子的得失。只是此类人不但要有无比坚强的内心，往往还需要拥有通情达理，为人大气豁达的父母。

深受中国历代君主推崇，并曾获皇帝御注的古书《孝经》中提出："立身行道，扬名于后世，以显父母，孝之终也。"意指，人在世上，笃行正道，功成名就，让父母显赫荣耀，这是孝的终极目标。可见，面子不仅仅关乎自己，更牵涉父母甚至整个家族的荣誉。这就使信奉"百善孝为先"的中国人，纷纷将光耀门楣当作个人的终生奋斗目标。

只是这种用尽全力为自己及家族的荣耀而拼搏的生活，难免容易令人身心疲惫，在人们光鲜亮丽的外表下往往是掩不住的满脸憔悴。"活得真累"是不少中国人私底下的心声。中国有句俗话"打肿脸充胖子"，虽说语含贬义，但物以类聚，人以群分，想要挤进"胖子堆",就只能先把自己的脸撑大。只不过任何事物,面积越大,受注意及易受损概率也就越高。所以,那些身份地位比较高,面子比较大的中国人,常常活得更不轻松。但这并不影响一代接一代的中国人,对功名利禄的苦苦追寻和奋斗,因为一旦"一朝成名天下知",他面子的光芒不但令自己春风满面,更足以荣耀无数的身边人。

所以,作为一名外国人,要获得一位中国人的好感很容易,给足他(她)面子;而要与某人交恶也易如反掌,若言行不慎而令对方蒙羞,估计会令对方记恨一辈子。

当然,爱面子有其积极的一面,顾及颜面总好过不要脸面。真正令人困惑的是,由于各地区的风土人情、习俗各异,面子的内涵也不尽相同。那些深受"面子"负累的人们,纷纷寻找各自的解压方法。其中,远离喧嚣,沉醉于琴棋书画的个人世界之中,成了许多中国人的选择。既然大家不得不戴着各种"面具"与外面的世界、喧哗的人群周旋,回到家中,当然最好是能卸下"面具",沏上一壶清茶,在自己的世界与自己和解。

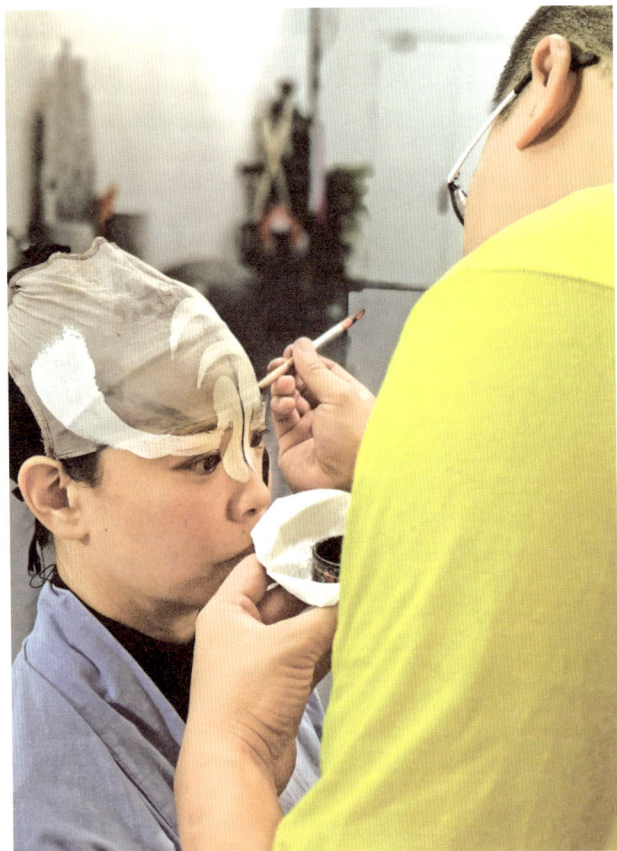

中国京剧脸谱

罗宏/摄

为什么中国人喜欢"越界"

中文里有句成语"入乡随俗",通俗地说就是,人在异乡,要顺从当地的习俗,从而在他乡活出故乡的滋味。

但凡事知易行难,多年养成的习惯,早已融入血,刻进骨,也印证了中国人常说的一句话:江山易改,本性难移。

中国人喜欢"越界",这点与西方人格格不入,也是双方难以相互融合的性格特点之一。

比如刚认识不久,就喜欢刨根问底,打探对方年龄、家庭状况,甚至薪酬高低等。对此,中国人早已司空见惯,哪怕对方一万个不情愿回答,也大多会敷衍应付。而对个人隐私极为注重的欧美人士,反应就大不相同,一些人会以沉默作答,有些人甚至会直接回敬一句:"不好意思,这与您好像没有关系。"

在个性独立的西方人士眼里,世界是自己的,与他人无关。但中国人做不到这一点,中国人的世界是热闹又拥挤的。每个人从出生开始,周围就簇拥着各类角色,满月酒宴上,婴儿被自己的长辈们隆重地介绍给各位宾客,接受大家的祝福。襁褓中的婴儿那时还意识不到,在座的叔伯婶娘们,个个都拥有对他(她)未来人生的发言权,以至于若干年后婴儿长大成人,为了逃避七大姑八大姨的窥探，他们中的一些人甚至不惜远走他乡。

为什么不少中国人喜欢管闲事，插足到别人的事务中去？为什么不少中国人缺乏分寸感和界限感，一不小心就介入别人的"地盘"里？

在这或许需要先说明一下，在许多海外中国人看来，德国人更喜欢管闲事。比如，你晚上九点之后推着婴儿车逛超市，马上会有老头老太太来到你身边，告诉你，孩子这个时候应该躺在自己的小床上。

笔者的一位德国邻居赋闲在家，她酷爱养狗，人又热情，所以邻里之间若谁没时间遛狗，都会委托她帮忙。结果没多久她却收到了来自政府有关部门的警告信，说她被人检举，有收费代为遛狗之嫌。倘若她领取了报酬，那她就触犯了法律。按规定，她必须经过申请注册、相关部门审核、颁发执照许可证等相关步骤，才能进行此项活动。

又比如，一位母亲在德国街头责打自己的小孩儿，马上会有行人致电警察，伴随着警车呼啸声警察匆匆赶来，把茫然失措的母亲与正在哭泣的孩子一起带走。

德国人对此的反应是：这种行为不叫管闲事，这是在履行作为公民的职责——维护社会秩序及监督法律的执行。

而中国式的越界管闲事，通常似乎与法律不怎么沾边。

比如插手干预别人的私生活。中国活跃着一大群擎着"男大当婚，女大当嫁"的观念大旗，喜欢替人说媒的"热心群众"，

整天惦记着把某某家的姑娘与谁家的小伙子一起配对。虽此举往往不乏美意，却常常令当事人不胜其烦。

而亲朋好友之间，"不拿自己当外人"的现象，在许多地区几乎成了常态。他们未征询主人的意见，就在主人的家里东走西瞧，甚至随便翻看、挪用人家的私人物品。至于恋人、夫妻之间，更是没有边界感，常常随意翻看对方的钱包、手机，私拆对方的信件，并认为这天经地义，是"亲密无间"的表现。若对方抗议，反而马上会被另一方怀疑其心存异心。

许多人的这种"越界"行为，究竟是"狗仔队"似的个人爱好，还是因为与自己利益休戚相关？

不少中国人都听过这么两句话："事不关己，高高挂起"，"各人自扫门前雪，莫管他人瓦上霜"。这两句话似乎与"越界"爱好相互矛盾？若换一种思维的角度来看问题，大多数中国人的越界言行，是基于所插手干预的事情，与自己多少有点儿关系。许多中国人"管闲事"的前提是，自己的越界行为，不会为自己或自己的小家庭带来任何实质性或潜在的伤害，最好还能带来或大或小的益处。比如满足自己的窥探欲、"兴灾乐祸"的自我安抚、提供八卦闲聊时的话题。

若某人或某事与自己毫不相关，又似乎带不来任何功效，那么不少人会表现出可怕的冷漠和冷血。见诸媒体报道的相关事例不胜枚举，每次都像一把刀，扎进那些有良知的中国人内心，拷问自己民族的灵魂。

这种"越界"的陋习，若要追根溯源，倒也可以发现一些蛛丝马迹。

中国从古代一直到近代都是个农业大国，几千年的农耕文明，形成了中国特有的礼俗。大家聚族而居、精耕细作，邻里之间多了层族人的关系，甚至至今，有些村落全都是同姓家族，供奉着相同的祖先宗祠。

在这样的社会状况下，人们几乎是没有隐私的。对一个孩童来说，村里所有的居民都与自己沾亲带故，都是亲属，哪怕是第四、第五代的表亲。平日里大家经常互相之间借用农耕工具，帮忙收割；或者走访串门，就像在自己家里那么随意；农闲时大家坐在院子里，可以耗上大半天闲聊。农妇们更是喜欢边忙碌手上的活，边一起张家长、李家短。如果邻里之间产生纠纷，大家往往会请村里德高望重的老人来主持公道，而不是像西方社会那样诉诸法律来解决。

虽然工业化加速了城镇化的发展，但千年农耕社会形成的习俗也随同人们被带入城市生活，大家不过是挪个地方继续说白道绿。

中国人普遍的界限模糊，另外一个主要的原因，源于中国古代残酷的"株连制"。株连制就是一人有罪，牵连所有无辜的家族成员一起受到刑罚。

中国古代的"株连三族"及"株连九族"大概是古往今来最违背人性、最残酷的刑罚制度。"三族"为父族、母族、妻族；

九族则范围更广，基本上与这个家族有点沾亲带故的全部受到牵连。中国明朝皇帝明成祖朱棣甚至把大臣方孝孺的学生、朋友归为第十族，连同原来的九族一起诛杀。明成祖还曾在诛杀另一大臣景清九族的同时，将景清家乡的居民也全部杀光，使整个村落成了一座废墟。

这种九族杀戮行为，往往使某一家族所有男女老少动辄几百上千人全被处死，无一幸免。

株连制主要针对谋反、叛逆此类重罪。如清朝的文字狱，在处罚上就是施用族刑。在统治者看来，这种斩草除根的杀戮可以达到威慑与防范的目的。所以，中国古代从春秋战国时期（前770—前221年）开始出现株连三族到明清时期株连九族，此法律尽管惨无人道却被历代皇朝沿用。直到1905年，清朝才宣布废除族刑连坐制。

几千年的残酷陈规，给中华民族造成了严重的心理阴影，甚至影响了整个民族的思维和行为方式。

以至于20世纪60年代的中国"文化大革命"还盛行查询三代历史。所谓"老子英雄儿好汉，老子反动儿混蛋"，不少孩子因为受祖辈父辈影响而失去上学的机会，不少民众因为受出身影响而妻离子散。

环境造成了习惯和性格，而习惯和性格又构筑了人们的生活。一些中国人既好管闲事又冷漠无情，若追根溯源，这种矛盾性格也就不难理解。

倘若一个隔着多层遥远关系的族人，他的所作所为，不仅有可能累及整个家族的声誉，毁掉大家的前程，甚至还可能给所有族人造成生命之虞，这种情形下，族人的任何越界干涉，既是出于恐惧心理的自保行为，也是为家族着想的明智举措。这一习惯几千年延续下来，就形成了积重难返之势。

现代社会，随着不同国家、民族间交往的加深，中国人逐渐开始注重私人空间的维护，学会对别人的越界行为说"不"，并把分寸感视为一种尊重。毕竟今天，不会再像古代那样，因为一个三族或九族之内的远亲的言行，而殃及自己的生命。

现在中国有不少小学生在家中自己的房门上贴上一张纸条："私人领域，非请勿入"，或者"进屋请敲门"。这可爱的举动，往往令他们的父母忍俊不禁。

这是中国新生代独立意识以及自尊意识的觉醒。

通过彼此无距离接触来获取更多温暖的行为，是原始人类的生存模式。现代人更需要维持一种安全、彼此能够容忍的距离，以避免过度挤压造成的不安和窒息般的痛苦。而自尊，更是一个人、一个民族希望的源泉。

夜幕下的皮影戏

赵芹章/摄

为什么人们习惯将中国社会称作"人情社会"

　　如果我们问一位久居海外的中国人，最怀念故乡的什么？

　　答案可能五花八门，但"浓浓的人情味"这点基本上高居榜首，尽管这也可能是他当初逃离故乡的因素之一。

　　故乡对于许多中国人来说，是身心疗愈的地方。

　　国外的旅游指南都会提醒前往中国的外国游客，尽量调整日程，避开中国的节庆假期。

　　因为中国的节假日尤其是农历新年期间，机票、火车票、船票往往一票难求，中国各地都是归心似箭的人们。交通设施简陋的年代，节假日期间的中国火车站，通宵达旦都是排队买票或等候出行的人们。中国人如此颇费周折不辞辛苦地赶往家乡，因为那里浓郁的乡情，可以治愈自己疲惫的身心。就像充电，在中国人的心目中，故乡才能提供高效能马达。

　　若一个人熟知中国人的社交方式，就会发现在中国办事情很难绕开人情。

　　中国古代四大名著之一的《红楼梦》里有副对联："世事洞明皆学问，人情练达即文章"，被许多中国人当作为人处世的坐标。

　　实事求是地说，基于血缘与婚姻形成的亲情、由于共同志趣和价值观培养的友情等，这些都是人之常情。无论是哪国民众，哪个民族，人们的生活、工作难免都会受到人情的影响和干扰。西方社会许多人千方百计地要将自己的孩子送进名校读书，主要原因之一是孩子们能因此结识精英伙伴，拓宽自己的人脉，为自己未来事业的发展提前打好基础。西方一些大学被誉为政治家的摇篮，除了大学本身的优质因素之外，学生时代建立起的人脉关系也发挥了极其重要的作用。

但西方国家在打"人情牌"时，基本上是遮遮掩掩的，政治人物更是谨慎行事。比如德国前总统武尔夫，因为从朋友那里低息借贷用于购房一事被媒体曝光，检察院介入调查，他只好辞去总统职务。后来其又遭不依不饶的媒体揭发，被怀疑在担任德国下萨克森州州长期间，曾让朋友代为支付了720欧元的酒店住宿费和餐饮费。法院经过一年多的取证、调查，最终推翻了对武尔夫的指控，认为他并没有以权谋私，也没有证据显示这720欧元是由其朋友支付的。

中国人对此的反应，多半认为媒体小题大做，"720欧元才几千元人民币而已。我们这里随便招待朋友吃餐饭也得这个数目"。但德国检察官认为，哪怕是几十欧元（超过法律允许的10欧元）也会被追究责任，因为人情不能凌驾于法律、规则之上。

英国有句谚语："陛下虽在万人之上，却在上帝和法律之下"；而中国古代也有句话："王子犯法与庶民同罪。"法律若要令人信服就必须公平公正，这就要求个体无论身处社会哪个阶层，法律面前人人平等。

但这点首先会受到君王贵族阶层的抵制，作为特权阶层，他们自然不愿自己头上戴个紧箍，法律像紧箍咒一样时时对自己的言行进行约束。

而凡事若有例外就失去了权威，法律若不公正，普通百姓也会对其生出厌恶和蔑视。这种情形下，风俗代替法律就成了必然。

中国自古以来的治国理念都是"以德治国"。中国儒家思想强调通过"礼"来建立和谐社会关系及人际关系。人与人之间的交往重在"忠义"与"报恩"，所谓"受人滴水之恩，当涌泉相报"。知恩图报历来被当作中华民族的美德而加以宣传和推广，由此建立起中国传统的价值体系。

所以，古代中国人开口必先称"皇恩浩荡"，皇帝的圣旨比法律更具效力，若遇到皇帝大赦天下，更令老百姓感恩戴德。"恩"与"情"成了中国人际关系中的"流通券"，"欠某某一个人情"，这是许多中国人的口头禅，既然是"欠"，按理来说就还有"还"，这一欠一还，在中国构筑了一张无处不在的巨大人情网，也使重情理，蔑视法律规章在中国成为普遍现象。英国人托·富勒的名言"人类受制于法律，法律受制于情理"，似乎用在中国恰如其分。

也因此，当一个中国人遭遇困境时，他首先会求助于自己的关系网。而不是像德国人那样要么走进教堂寻求慰藉，要么诉诸法律捍卫自己的权利。

中国人这种"重情轻法"的表现由来已久。公元前 356 年和公元前 350 年，秦国通过法家代表人物商鞅实施政治、经济改革，用法家思想管理国家，秦国因而变得富强，但商鞅本人却因倡导严刑酷法而失去人心，遭到举国上下的仇视，最后被处死。中国成语"作法自毙"就取自于对商鞅变法的评价，比喻自己制定法律约束自己，实乃自作自受。

正因为中国人骨子里的这种尊儒轻法，对法律不近人情的厌恶，中国古代好几次大规模的变法都不得不以失败而告终。

受这种重人情轻契约风气的影响，中国社会自然盛行任人唯亲。各种错综复杂的依附关系缠绕交织，犹如蜘蛛网遍布各地。虽说不时地给人一种温情脉脉的表象，但也让深陷"网"中的人们丢失了自己的独立人格。尤其是对那些法律工作者来说，"人情社会"的特征令他们往往处于一个既尴尬又艰难的局面。许多原本秉公执法者，常常会在以道德观来裁判"是与非"的舆论压力面前，放弃法律立场；又或者在人情干扰下背弃法律，未审先判。

尤其令人担忧的现象是，中国社会几乎各个领域每年都要评选道德模范，很多法律工作者包括法官也都或主动或被动地卷入评选活动之中。此类活动往往需要进行"拉票"活动，以得票数的多寡来决定胜负。许多刚直不阿的优秀法官平时忙于工作，又不擅于人际周旋，往往落败于一些业务能力一般却能左右逢源者。这不但对评比活动本身是一种讽刺，更因为其不良的影响而对社会造成伤害。

中国何时可以由人情社会全面迈入法治中国？对此，有人乐观也有人悲观。乐观者认为中国实行中央集权的行政管理体制，所以，任何一项改革措施，只要得到大多数人的拥护，就可以马上贯彻实施。比如中国人宴请喜欢饮酒，酒驾屡禁不止。后来政府出台严厉惩治条款，驾驶人员血液中酒精含量等于或大于 20 毫克 /100 毫升，小于 80 毫克 /100 毫升，初犯者，暂扣驾照 6 个月，并处罚金。如属累犯，则要被处以 10 日以下拘留并吊销驾照。而血液中酒精含量等于或大于 80 毫升 /100 毫升者属于醉酒驾车，除了吊销驾驶证且 5 年之内无法重新获得之外，还要依法追究驾驶员刑事责任。为了杜绝说情者的干扰，警察全部都是异地执法。这么一来，中国酒市场一片哀鸿，酒精消耗骤减，而另一方面，提供代驾服务的机构业务量锐增。

而悲观者以历史为证，认为中国始终难以改变人情社会的习俗，民众更习惯于受道德的制约，而非法律的约束。

随着全球化时代的到来，尤其是数字化时代带来的信息透明化发展，令越来越多的民众对法治中国建设持谨慎的乐观态度。因为一个法制健全的国家，民众才会真正拥有安全感和归属感。这样的国家才具有对人才的吸引力。

中国人常常因为自己国家悠久的文明历史而感到骄傲，如果说文明等同于高贵，从这个意义上来说，中国也需要尽快完成人情社会向法治社会的转变。因为人情可以用来交换甚至交易，而法律永远是非卖品。无价的才更高贵，理想社会应该是和谐的、有序的，也是高贵的。

团 聚

罗宏／摄

为什么外国人很难读懂"中国式幽默"

幽默是可以学习的还是天生基因里就储存了的？

近期德国电台在展开关于幽默的探讨，参与讨论的嘉宾们以及给电台打电话的听众，秉持德国人一贯的严肃风格，正儿八经地摆事实讲道理，让正在开车的我不由地叹气：日耳曼民族，你们真的缺乏幽默的基因！

德国电视台，每天的新闻节目都在提醒大家，人类的生存环境正在变得越来越糟糕、越来越危险。虽说媒体的使命在于反映社会现实，以及履行对社会的责任。但相同的视角，若能以诙谐幽默的笔调来描述，就会像山茶花那样，穿透冬的寒冷，依然给人带来美的感受和力量。

抑郁症在德国被称为"民族疾病"，10%到12%的德国人至少在人生的某个阶段得过抑郁症。德国的冬天，气候寒冷，而且还常常阴雨连绵，于是，一大批德国人就开始身体和情绪都感冒了。我打趣他们说："去中国旅游吧，在那生活一段时间，中国人的幽默乐观会治愈你的焦虑。"

对此，德国人通常的反应是："中国人有幽默感？不，中国人比我们更严肃，他们不懂幽默。"

这真的让人有点啼笑皆非。文化差异以及不同的习俗所造成的不了解甚至误解，有时候就像是在照哈哈镜，镜中反映的明明是自己，却被扭曲而显得怪异。

西方人为什么认为中国人没有幽默感？

在德国十几年，我发现德国民众最喜闻乐见的是政治幽默及政治漫画。比如每周五晚上国家电视台 ZDF 的"Heute-show"，据说这档人气极高的时事政治脱口秀，德国各类政坛人士也经常收看。整台节目为求吸引观众眼球，经常把德国政客们的头像制成各种卡通形象，对其进行挖苦、讽刺、调侃、奚落，把幽默发挥得淋漓尽致。主持人及特邀嘉宾们在台上嬉笑怒骂，观众在台下哄堂大笑，为一个很可能乏味的周末提供点佐料。那些受嘲弄的政客们大概也只能在家中苦笑几声，考虑一下自己周末的去向。

而中国自古以来信奉"为尊者讳"，意思是凡会造成尊者有失体面的话，都最好少说，这也是儒家"礼"文化的原则。

孔子强调如果为尊者受不到大家的尊重，那么政令将得不到执行，天下就会大乱。因此，这一传统连同"为亲者讳，为贤者讳"被延续至今。在中国，对尊者、亲者、贤者进行挖苦、讽刺都是社交中的禁忌。

所以，西方人习以为常并最受欢迎的政治幽默，在中国基本上是绝迹的，这自然容易令人产生中国人缺乏幽默的联想。

其次，我们对他人、对其他民族的评判大都通过传媒或自己的亲身经历。西方媒体中的中国及中国人形象，我将专文讲述。至于日常工作、生活中大家接触到的中国人，其幽默风趣的一面往往只在自己熟悉的"圈内人"面前发挥，对外则常常秉持不露声色的谨慎态度，令他们看上去冷漠甚至乏味。在中国人的价值观念中，清冷的形象，尤其是作为男子，要远胜插科打诨的逗趣。

事实上，不少中国人拥有幽默的才华。中文博大精深，而且中文有许多一词多音、一词多义的现象，使得人们常常可以运用语言的技巧，为朋友之间的谈话和聚会带来惊喜，将气氛烘托得十分热闹和欢快。

如果一个西方人在中国生活久了，融入所谓"自己人"的圈内，他会惊奇地发现，中国人其实是很懂得如何让自己和朋友们开心的。中国人尤其喜欢通过方言以及文字游戏来逗乐。

若人们留意观察，不难发现，人类历史上那些有着深重苦难历史的民族，大都不乏幽默感，比如犹太民族。我们在书店里会发现琳琅满目的"犹太人幽默大全""犹太人笑话集锦"……倘若没有这种"苦中作乐"的智慧，是难以承受和抵抗无穷尽的悲苦的。中华民族也是如此。

中国古代春秋时期就有位名叫优孟的宫中优伶，他不但擅长表演，还常常讽谏时事，"优孟哭马""衣冠优孟"等轶事典故在中国耳熟能详。

汉武帝时期的东方朔（前 154—前 93 年）也常运用诙谐风

趣的语言在皇帝面前进谏。以至于八百多年之后，性格素来傲岸不羁的唐朝诗仙李白（701—762年）还专门赋诗"世人不识东方朔，大隐金门是谪仙"，来表达自己对东方朔的敬仰之情。

根据中国史书记载，中国历史上不少著名人物，比如北宋著名文学家、书法家苏东坡，明代著名画家、书法家唐伯虎，清朝政治家、文学家纪晓岚都堪称幽默大师，有关他们诙谐幽默的事例在中国民间广为流传。这也说明，中国人自古以来就是懂得和欣赏幽默。

不少民众貌似木讷，一眼望去似乎毫无艺术气息，一旦大家深入交谈，你却能感受到他们灵魂深处那燃烧着的诗意的火焰。他们的妙语连珠，令他们原本平凡的面孔也瞬间变得生动起来。

无论生活给予人们何种考验，中国人都习惯通过幽默来化解情绪。这是一种生活的智慧，更是一种面对人生磨难的乐观态度。

前段时间，中国有则理财促销广告很流行：你还在用六位数密码保护仅仅两位数的存款吗？

活得辛苦的人们，更善于用一份自嘲来缓解生活的压力。

幽默没有国界，但从性别上来说，男人的幽默感总体而言略高于女子。这与历史上男权社会时期，对女性的思想禁锢有很大的关联。人格与经济上的不独立，让女人很难拥有男人般的自信，而自信恰恰是幽默赖以生长的土壤。往往，一个女人，即使不漂亮，但她的幽默感却令人对她难以忘怀。

我不知道东西方是否能真正领悟彼此的幽默。至少每个民族都拥有自己的幽默大师。如果一位德国人，听中国相声时笑得前仰后合，大家就明白，他读懂的不仅仅是中国式的幽默，还有藏在幽默之中的中国文化。

中国相声

罗宏 / 摄

为什么中国人似乎"缺乏"逻辑性

不讲逻辑似乎成了中国人的一个标签，随便翻翻西方的一些报纸杂志，提到中国，不少文章明里暗里都认为中国人说话做事缺乏逻辑性。那么，中国人难道真的缺乏逻辑性和理性吗？

首先，究竟什么是逻辑？简单地说，世上万事万物都可以被归纳为特定的概念范畴。而逻辑就是，人类根据自身经验，总结和思考得出事物存在和发展的特定规律。

从这个意义上来说，中国人缺乏逻辑性的说法是站不住脚的。否则，几千年文明历史何以能够延续至今？

而且，"逻辑"一词虽然缘于希腊文，但若从逻辑的归纳、溯因、演绎推理表现形式上来看，中国早在春秋战国时期（前770—前221年）就有学者对其进行理论上的研究及辩论。如公孙龙著作《公孙龙子》中的名篇《白马论》，提出的"白马非马"论，被当作辩论的典范；而墨子（约前468—前376年）著书《墨经》，其墨子逻辑被认为是古代中国的第一个逻辑学体系。只不过，中国语言类比、隐喻、象征的特征，使得中国自古代起，逻辑思想研究一直未能像西方那样，形成一门完整独立的思想学说。真正成为中国社会的主导意识，延续几千年，构筑了中国人思维模式的是儒家思想。作为中国古代著名思想家、教育家与哲学家的孔子，其创立的儒家学说，倡导"尊卑有序""君君臣臣父父子子"的概念，因而受到中国历代帝王的推崇。

与此同时，在西方，古希腊哲学家苏格拉底、柏拉图以及亚里士多德奠定了逻辑基础。而亚里士多德更凭借亚历山大大帝的帝师身份，不但将逻辑在哲学范畴内建立成一门正式的学科，更使逻辑学说随着亚历山大大帝的开疆拓土，在欧洲甚至更大范围内迅速传播开来。

可见，"上行下效"从来都是最好的推广方式，包括概念及思想的推广。

而儒家思想统治中国几千年，虽有其积极的作用，但也在很大程度上破坏了中国人的逻辑思维能力。

亚里士多德曾说，"吾爱吾师，吾更爱真理"，认为真理具有至上意义和无条件的永恒性。但儒家思想却强调"师道尊严"，强调"忠孝"，所以，中国自古以来，民众奉皇帝、权臣、尊长所说为金口玉言，不容任何置疑，这就使逻辑需要的辩论、演绎、推理等根本没有成长的土壤。

虽然中国皇帝中不乏具有雄才大略和逻辑思辨能力者，但"伴君如伴虎"之虞，仍使民众将放弃原则的迎合当作生存的不二法则。尤其是中国王朝频繁更迭，每当"城头变幻大王旗"时，都伴随着对旧朝的清算。

中国历史上有名的"指鹿为马"典故发生于公元前 207 年。

当时的秦朝权臣赵高为了震慑对手，故意颠倒黑白、混淆是非，把鹿说成马，来测试群臣的态度。大多数人或缄默或迎合，而敢直言为鹿的大臣则都遭到暗害。

所以，中国从公元前 475 年开始进入封建社会，以后长达两千多年的封建统治实际上就是帝王们的"家天下"。在这种"皇权至上"的生存环境下，古希腊哲学家们刨根问底的"求真精神"在古代中国只会给人带来痛苦甚至生命危险，而且，事情也不仅只是选择生命还是选择真理这么简单。因为在古代，质疑皇帝就是不忠，因言获罪牵连父母就是不孝。不忠不孝之人在中国会被当作十恶不赦之徒而遭世人唾弃，这种状况之下，装迟钝不但能自保，还是一种生存的智慧。也因此，中国式的表达中，似是而非，模棱两可的描述比较多。

中国人还喜欢用"原则上来说……但是……"或者"逻辑上来讲……但是……"等句型，说话者的意图很明显，他真正想要阐述的是"但是"后面的内容，从字面上来理解，也就是反原则，反逻辑的观点。

欧洲社会虽然也长期实行君主制，并经历过中世纪的黑暗时期，但其与中国古代封建王朝的区别在于，对世界的定义与概念解读的不同。

古希腊逻辑学概念里，相对于变化的、有限的可感世界，存在一个永恒的、绝对的、完美的神的世界。人类及自然界的万事万物都是由这位永恒的神所缔造的。尽管西方国家的教会及

君主会从自己的利益角度出发来对神权进行各式解读，但所有的理论都得围绕着一个概念前提来展开：神的世界的永恒性及绝对性。

而概念明晰是逻辑思维的前提。就像数学中首先确定1+1=2，以此为基础，才能展开更为复杂的推算。

所以，有了概念定义这个基础，逻辑学这门学科在西方一直保持了其独立性，并得到持续的推广。

而在无神论或多神论的中国人心目中，并没有什么是永恒的、绝对的、完美的。中国人的思想更趋向于"道可道，非常道"（《道德经》开篇第一句）这种模糊的对规律的总结。相较于西方"非黑即白"的定论，中国人为人处事更喜欢游离于"似是而非"的境地，在黑与白之间设立一个灰色的缓冲带，靠近黑的为深灰，更靠近白色的为浅灰。就好像1+1=2，但特定条件下，1+1未尝不可以大于2或者小于2。这种思维方式可能会令西方人抓狂，但却符合中国人的思维逻辑。

虽说知识界公认，理性高于一切感性，理性的光芒照耀着人类前行的方向，但以理性著称的欧洲，目前却有陷入感性泥潭里的危险。

这似乎说明，在一个强调逻辑，注重理性的社会，一旦感性占了上风，随之而来的就是系统的瘫痪、机制的崩溃。因为原有的机制、程序只能在理性的基础上才能有条不紊地运作。这不得不说从一开始就埋下隐患。因为基础民众永远是感性的，为了选票，许多政客会抛开理性，放弃逻辑。这就好比原本系统只接受 1+1=2 的指令，现在却要强行输入 1+1>2，系统自然无法识别，也无法自动纠错。

而中国人在历史上，一直是更偏重感性思维的民族。虽说这经常造成做事无章法、无序的混乱现象，但很多时候也为解决问题提供了更多的灵活性。中国人的逻辑概念既是模糊的又是明确的，因为它指向一个结果：实用性。在经历了几千年文明的锤炼之后，中国人驾轻就熟地游走于感性与理性之间。

近年来，中国掀起了加强逻辑训练的风潮。而写作此文时，法国民众感性的"黄马甲运动"正愈演愈烈。或许当今世界，逻辑性的争论可以暂缓一下，善于审时度势才是走出困局的良策。中国人已经醒来，欧洲人呢？

讨 论

李志光/摄

为什么中国人故土难离

中国人喜欢移民吗？对这一问题，众说纷纭，莫衷一是。

说喜欢是基于依然红火的全民出国热，国内到处都是移民中介的广告，平时坐在咖啡馆，也总能遇到一些在交谈时中英文混杂的同胞。

而走出国门，无论在世界哪个角落，几乎都能遇见中国人，还有那些在大门口通常立一对石狮子，挂几只红灯笼的中餐馆。

除了地理位置离中国较近的东南亚国家，西方英语国家，如美国、加拿大、澳大利亚、英国等也聚集了不少华人，以至于走在当地的"唐人街"，恍惚之间大家会以为自己身处中国某地。

究竟中国本土之外有多少华人华裔，这已很难统计。很多华人移民第二代、第三代，其身份统计已显示在当地本国居民的人口统计之中。按照媒体公布的保守估算数据，海外华裔人数应该在 5000 万左右。很多人认为实际数量应该远远高于这个统计数据。

中国人移民比较集中的加拿大 2016 年人口普查数据显示，温哥华市华裔人口占比达到 26.5%；而列治文市，华裔占比甚至高达 52.5%。笔者的一位同学移民加拿大，当他带着学龄孩子第一天去学校时，天真的孩子问他："爸爸，我就读的是中文学校吗?"因为教室里、操场上，满眼望去全是跟自己孩子一样相貌特征和肤色的中国小朋友。

这不由得让大家产生一种印象：中国人喜欢移民。

但社会上还有另一种截然不同的声音："中国人不喜欢移民。"这个结论来自对许多历史数据进行的对比与分析。

中国人移民国外的历史最早可以追溯至秦朝（前221—前207年），当时有不少秦人为逃避苦役来到朝鲜半岛。同期，为寻求长生不老仙丹，秦始皇派通晓医学的徐福带着童男童女数千人东渡日本，随行还带了巧匠、武士等人以及足够的粮食、衣履、药品、耕具、器皿等。

据说徐福因为心里知晓根本找不到长生不老的仙丹，所以做好了就此一去不返的打算。当他们一行人到达日本后就定居了下来，并将秦朝当时领先的农耕技术、各项技能等悉数教给当地人，正因为如此，徐福被认为是日本文化的开拓者，目前在日本还能找到为纪念徐福所建的徐福祠。日本前首相羽田孜先生曾多次表示自己为移民后代，认为他的祖先为当年徐福随行人员的后裔。"羽田"这个姓在日语中与"秦"同音。

中国人对移民的复杂情愫，还源自流传至今的西汉时期两位名人的故事。其中一位名叫苏武，他被中国人视为"富贵不能淫，贫贱不能移，威武不能屈"的爱国及忠臣典范；而另一位为西汉将领李陵，他则是一位颇受争议的历史人物。

苏武（前140—前60年）为西汉大臣。公元前100年奉命出使匈奴时被扣留。面对种种诱惑或威胁，不为所动。后被匈奴放逐到今贝加尔湖一带牧羊。苏武坚守19年，最终得以返回祖国。

李陵（前134—前74年）是西汉名将李广之孙，公元前99年率军出征匈奴，因寡不敌众投降匈奴，汉武帝动怒诛杀了李陵家族，使他彻底断了回归汉朝的念想，从而完全融入匈奴并终老于漠北。

苏武与李陵同为西汉大臣，而且曾是好友。他们俩在匈奴的经历在中国被改编成多种文艺作品，包括戏曲、叙事诗、歌曲等。这些作品几乎都是赞美苏武的忠贞，宣扬他返回祖国后的荣耀；谴责李陵的背叛，描绘他弃国的遗憾和悔恨。

苏武牧羊的故事在民间口口相传，对后世产生了极大的影响。曾有一位留学生学成后打算定居国外，结果，他的爷爷挥毫泼墨痛陈利弊："苏武牧羊19载……"在爷爷苦口婆心的劝导之下，留学生只好收拾行李返回家园。

可以说，一直到19世纪中期，中国人的海外迁移，或因"公派"如徐福；或为"难民"逃避国内战争和苦役；又或者如李陵，被逼而背弃故土。各类海外移民虽然一直在持续中，但数量极少。

1849年，距中英鸦片战争结束刚刚七年，美国加利福尼亚发现大量金矿的消息，吸引了来自各国的淘金客。许多来自中国福建和广东的劳工也纷纷前往加州采矿，他们中的一部分后来加

入了美国的铁路修建。

与此同时，欧洲地区也出现了大规模的海外移民。1816年到1914年，近百年时间，德国移居海外人数就高达550万。他们中的大部分去了美国，其中包括当今美国总统特朗普的爷爷，老特朗普在1885年到达美国。至今为止，生活在美国的德裔美国人有5000多万，占美国人口总数的17%，是美国人数最多的族群。

除了移民美国，19世纪开始，还有不少德国人迁居南美，比如阿根廷、智利等。二战后也有大量纳粹军官逃到南美后隐姓埋名住下来。今天德国本土之外究竟有多少德裔，已很难找到确切数据，不少人认为应该已超过德国本土人口总数（2017年德国人口为8100多万）。

再来看看英国。美国、加拿大、澳大利亚、新西兰、南非这些国家是英国人的海外主要移居地，海外英裔人口已有近6000万，而2017年英国本土人口为6618万。这与德国的情况非常相似，海外英裔或海外德裔人口数与其本土人口数基本相当，比例几乎是1：1。

其他欧洲国家如意大利、荷兰等，对外移民比例也相当高。

反观中国，若参照海外移民人口5000万，中国本土人口总数13.9亿来推算，移民占比仅仅为3.6%。

比较之下，说明中国人并不喜欢背井离乡、异地漂泊。

孔子曾说："父母在，不远游，游必有方。"强调儿女应该留在父母身边尽孝道。正因如此，中国目前仍有许多家庭是"三世同堂"或"四世同堂"。这在追求自我价值实现的西方人眼里，可能觉得难以理解，但受传统文化影响很深的中国人将这视作理所当然的生活方式，所以在中国有句谚语"家有一老，如有一宝"。

笔者一直很佩服德国人那种能把他乡变故乡的本领。对于许多中国人而言，几乎是背起行囊的那一刻起，乡愁就开始萦绕于心。究其原因，大概中国传统文化的根太深了。而除了文化因素外，还有个有趣的现象，盛产美食的国度，其民众比较而言对家乡更为依恋。大概嗅觉及味觉对人的记忆和情感有着强烈的作用力。"妈妈的私房菜""外婆的私房菜"……这些带有强烈情感记忆符号的味道，让中国人无论走多远，都会牵挂自己的故乡。或许这也让人更容易理解，饮食单调乏味的德国，它的民众在异国他乡为何常常会乐不思蜀。

既然如此，为何还有一些中国人在为是否移民而纠结徘徊，辗转难眠？

痛苦和犹豫主要在于鱼和熊掌不可兼得。

当今中国，移民群体的主力来自容易患焦虑症的"中产阶层"。他们通常具备一定的经济基础，可又还没富裕到可以随心所欲、随时随地周游世界。

他们喜欢说母语甚至家乡的方言；喜欢与朋友们无拘无束地品茶聊天；他们忠实于自己的胃超过忠实于自己。

他们大多具有很强的忍耐力，却不忍心自己的孩子在激烈

竞争中辛苦受累。

他们莫名的焦虑还来自对家中老少包括自己的健康状况的担忧。中国仍待健全的医疗体制，让他们唯恐任何伤痛病痛就将自己一夜之间重新变成无产阶级。

他们变得异常敏感，日复一日负重前行。其间，任何一件甚至微不足道的事情发生，都有可能成为压垮他们的最后一根稻草。

对于越来越沉又无以疏解的压力，逃避就成了一种本能的反应。即便国外的一切听起来也不是那般称心如意，但中国人坚信凭借自己的吃苦耐劳和勤奋，一定能在异国他乡站稳脚跟。

事实也证明，移民海外的中国人大多勤勉刻苦，很少有人需要依靠当地政府或社会的救助来过日子。这与中国人几千年承继下来的"本分"有关，那就是无论在哪都安分守己，不给"上面"（现在称作"政府"）添堵添乱。

只是每当夜深人静之时，颠沛流离的伤痛会让许多人夜不能眠。他们会在心里默诵思乡的古诗词："独在异乡为异客，每逢佳节倍思亲。"望着国外的月亮，想着故乡的亲人。

虽说在全球化潮流不可阻挡的今天，越来越多事物已超越了国界，被世界各国人民所接受和共享，但故乡的味道，永远是中国人心中最难以忘怀的，无论他走过多少地方，无论他走了多远……

高高挂起的红灯笼

赵芹章/摄

生活篇

为什么中国功夫闻名遐迩却少有人学

为什么大家都爱说"中国红"

为什么中医"墙内开花墙外香"

为什么说练书法可以养生

为什么中国人喜欢练太极拳

为什么中国人都会"亚洲蹲"

为什么中国人喜欢睡午觉

为什么中国人喜欢热闹

为什么中国人喜欢"打麻将"

为什么中国人生活节奏那么快

为什么中国功夫闻名遐迩却少有人学

　　曾经有不少旅居海外的中国人说："外国人认为咱们都会功夫。"说这话时，大家言语间充满骄傲和自豪，笔者对这话却心中隐隐有些担忧。诚然中国功夫闻名遐迩，但不少外国人已经明白真正会功夫的中国人寥寥可数，要不然为何国外那些罪犯专门喜欢找中国人的茬，抢劫目标也主要针对中国游客？所以，大家不要真以为罪犯会因为忌畏中国功夫而躲避中国人，我们其实并无震慑力，除非确实有本事而拥有不怒自威的强大气场。

　　中华功夫为中华武术的别名，主要包括搏击技巧、格斗手法、攻防策略、武器使用等技术。若论武术起源，中国周朝（前1046—前256年）就有射御等习武活动，春秋战国时代（前770—前221年）中国的铸剑术达到空前水平，剑术开始盛行，而且剑也成为当时军队作战的主要格斗兵器。战国末期《庄子·说剑》中对剑术、剑道进行了完美阐述，其"三乘剑术"理论启迪了中国武术的精神，而"后发先至"理论更是对武术思想的发展产生了深远的影响。

　　所以，三千年前的中国，虽说不是"人人会功夫"，但受尚剑习俗影响，中国古代男人佩剑成了一种时尚。此佩剑、习剑之风，从战国时期开始一直延续至宋代（960—1279 年）。按照中国古代儒家的要求，学生必须掌握六种基本才能：礼、乐、射、御、书、数。这六艺中的"射"指射箭这一武术项目。

后来蒙古人入侵中原建立元朝，为防止中国百姓造反，禁止民间私藏兵器，而满族建立的清朝也实行"禁武令"，禁止民间人士佩剑、拳斗。所以，到了明清时期，使用折扇成了习俗，中国文人雅士尤其喜欢在扇子上题诗作画，虽说不乏雅趣，但中国古代男子的勇武形象逐渐减弱，到清朝末年，更是饱受"东亚病夫"之痛。"功夫"似乎越行越远。

20 世纪中期，通过一代武术宗师李小龙（Bruce Lee，1940—1973 年），中国武术（功夫）开始重新绽放光彩，呈现在世人面前。

李小龙因为幼时身体孱弱，7 岁时为强壮体魄开始练习太极拳，14 岁师承一代宗师叶问（1893—1972 年）练习咏春拳，同时还修炼螳螂拳、洪拳、少林拳、节拳、白鹤拳等拳种，并自创截拳。

作为一名天才童星，李小龙在幼儿阶段已展现出了其个人银幕魅力，成年后，更凭借他自己的绝世武艺，让中国功夫在全球声名远播。1973 年，李小龙主演的好莱坞电影《龙争虎斗》全球总票房高达 2.3 亿美元。自此，在许多西方电影中，华人开始以铮铮铁汉的武林高手形象出现。这也让世人产生了"中国人人都会功夫"的印象。

2008 年，一部以功夫为主题的动画片《功夫熊猫》在全球热播，该片讲述一只笨拙的熊猫在师父的点化下成为武林高手，拯救了整个和平谷。借由此片，以及之后 2011 年乘势推出的《功夫熊猫2》，2016 年的《功夫熊猫3》，中国功夫再次引发全球热议。

虽说如此，但放眼世界，相比跆拳道、柔道，中国功夫的普及程度远远不及这两者。德国一些咏春拳馆因为学员稀少而不得不关闭。

究其原因，大概相比中国功夫，跆拳道、柔道更能迅速晋级、修炼成果。我们往往通过媒体得知，一些不到 10 岁的孩子，就获得了跆拳道的最高段位"黑带"。日本的山下泰裕 19 岁就成为柔道日本全国冠军，年纪轻轻被冠以"世界柔道之王"。

而中国功夫作为中华武术的别名，大家从"功夫"一词就可以看出端倪。在中文里，凡对某事倾注心血、投入大量的时间和精力，并持之以恒使之达到出神入化的境界，称为"功夫"。"只要功夫深，铁杵磨成针"阐述的就是这一道理。

中华武术讲究内在功法的积蓄和沉淀，但这一"化茧成蝶"的过程相当的漫长。俗称："入门先站三年桩"，指的就是武术基本功桩功的训练。我们不妨试试，在肩膀、膝盖上都放碗水，挺胸抬头、直腰收腹、小腿垂直，大腿平，膝关节成 90 度，保持这种"扎马步"的姿势，测试一下自己究竟能坚持几分钟？

一位优秀的习武者，可以保持这个姿势长达两个小时。在一切追求快捷化的现代社会，估计这个入门训练已将无数初学者吓跑了。

心理学中有个"延迟折扣"概念，指放弃长期的、较大的奖励，而选择短期的、较小的奖励。绝大多数人都有延迟折扣倾向，差别只在于有些人延迟折扣倾向较低，而有些人则较高。

电子游戏之所以令人上瘾欲罢不能，概因游戏设计者深谙"延迟折扣"效应。玩家们的每一个操作都能得到即时反馈，使他们从中获得极大的满足感并刺激他们不停地角逐下一个目标。

跆拳道从白带、白黄带……一直晋级到黑带，然后黑带又分为九段。这就好比攀登高山，沿途都有目所能及的坐标，通关即能获得奖赏，这种由易到难、层层晋级的目标设定，能极大地调动人们的积极性并唤醒人们内在的潜能。

相比之下，中国功夫倡导的"水滴石穿"精神，显得就有些强人所难。练武者若非出自极度的热爱，又有非凡的恒心和毅力，否则难以修成正果。即便有些人的功夫招式看上去像模像样，终究只是花拳绣腿，与人过招，高下立判。

另外，中国武术分派繁杂，光拳种就有 300 多种。虽说"武无第二"，但因为各门派、拳种、功法不一，所以各有首创人和追随者。相比于跆拳道与柔道的单一性，中国武术俨然是一座百花园，万紫千红争奇斗艳。因为缺乏一个统一标准，也给普及设置了难以逾越的障碍。

尽管如此，武术（功夫）作为中国传统文化的重要组成部

分，虽然而今习武者的比例不高，但很多中国人都因有浓厚的功夫情结而成为中华武术的超级拥趸。香港武侠小说家金庸的妙笔生花，不但在中国缔造出几代"金庸迷"，更唤醒了中国人血脉中的英雄梦想。金庸自 1955 年创作《书剑恩仇录》到 1972 年封笔《鹿鼎记》，向大众奉献了十五部武侠小说。当 20 世纪 80 年代这批武侠小说引进到大陆时，一时间"洛阳纸贵"。当时的中国正百废待兴，人们如饥似渴地阅读任何可以得到的书籍。金庸武侠小说中的家国情怀，侠客豪情，令人读起来荡气回肠，手不释卷。"武侠"一词让武术与"侠"这一概念紧紧结合在一起，而这也与中国自古就倡导的"习武先习德"不谋而合。

笔者一直有个奢侈的梦想，希望未来的某一天，中国"人人会功夫"不再只是个误会，中国能成为一个名副其实的功夫王国。因为真正的中国功夫，它不仅仅只是种以体力为主、辅以技巧的搏击技术，更是一个修身养性达到顿悟的过程。通俗地说，练武不是为了在打架中争得上风，反而是为了去除争强好胜之心，而让自己身、心、灵都获得平和与宁静。中国古代武士言必信，行必果，诺必诚，仗义报恩而不惜牺牲生命的精神，对于今天的中国人仍然意义深远。

功 夫

罗宏/摄

为什么大家都爱说"中国红"

　　每个国家都有自己的主色调，或者可以说有一个大家印象中的颜色。谈及中国，外国人几乎会异口同声说："中国红。"德国杂志有关中国的专题报道会特意选用大红色作封面底色；欧洲到处可见的中餐馆，通常会悬挂红灯笼来装饰店面；每逢有中国队参加的国际赛事，看台上那一片火红色的地方，几乎可以肯定是中国的啦啦队。赛场上，当中国获胜时，冉冉升起的国旗也是红得耀眼夺目。"中国红"定格在中国人的记忆中，也留在了外国人的印象里。

　　在西方人眼里，红色总是与社会主义相关联。比如目前组成德国执政联盟之一的德国社会民主党（简称德国社民党），其官方色彩就为红色。

　　而二战之后，以美英为首的资本主义阵营与以苏联为首的社会主义阵营有长达半世纪的政治对抗，这段时期也被称作冷战时期。苏联的国旗色为纯红色，左上角绘有金色的镰刀和锤子，并在上方有一颗金边红色五角星。至此，红色象征鲜血，成为代表革命的颜色。

　　因为红色所具有的特殊含义，一些社会主义国家也将红旗作为本国的国旗。比如，中国的五星红旗，越南的金星红旗，以及东欧的阿尔巴尼亚，中亚的吉尔吉斯斯坦。当年的东德，尽管国旗颜色里面已包含红色，但在公共场合，国旗旁边仍经常悬挂一面纯红旗。

不过，根据中国历史记载，"红色"并非初始就是中国的标志色。

"金、木、水、火、土"五行学说是中国自古以来的一种系统论。中国古代哲学家认为这五行是构成世界物质的基本元素，他们用五行理论来说明世界万物的形成以及相互关系。而中国古代每个王朝都会有一个与金木水火土相对应的德，来表示王朝的合法性，强调其取自天意。

中国古代流行五行相克论，即：金克木，木克土，土克水，水克火，火克金。

王朝更替时，新朝代一定会采用五行中另一个新元素来作为新政体的代表符号，表示对旧皇朝的攻克和制伏。

五行又相应配对五个颜色：金对应白色，木对应青色（绿蓝色），土对应黄色，水对应黑色，火对应红色。

比如，统一中国，修筑万里长城的秦朝，其替代了周朝而一统天下，秦朝属水，国色为黑色。所以秦朝又被称为黑色帝国。当时上至王公贵族下至平民百姓，着装都以黑色为主色系，就连秦国的军旗也为黑色。

秦朝之后的汉朝（前 202—公元 220 年），经历了 29 位帝王。大家认为黑色帝国秦朝因严苛的制度招致天下百姓愤恨，因非

"以德治国",所以应该不予列入王朝排序。围绕着这一观点而展开的争论，使汉朝的五行德运排序一直有点混乱。

汉朝学者刘向、刘歆提出以"五行相生"论来替代"五行相克"论，认为王朝更替应该是相生的关系。即金生水、水生木、木生火、火生土、土生金。后来，王莽篡汉，为了表示自己政权的合法性，举国大力推广"五行相生"论。"汉继火德"成为了定论，东汉更是有了专用词"炎汉"（炎的含义为火红色）。

汉朝是中国历史上空前强大的帝国，中国一直有"强汉盛唐"之说，历史上大家也喜欢称中国为"汉唐"。这大概也是最初人们开始将中国与红色关联在一起。

自汉朝开始，"五行相生"论开始盛行。

公元1271年游牧民族入侵中原后建立元朝。元朝宣称自己继承金朝正统，王朝德运为"金"，对应王朝颜色为白色。

但汉族人却一直守着宋朝的国色红色，算是心中对故朝的怀念。元朝末年，爆发了头裹红头巾的红巾军起义，为推翻元朝起到了极大的作用。

明朝依旧采用元朝之前宋朝的正红色为国色，这也迎合了中国人期待故朝归来的民族心理。

明朝之后，少数民族再次夺取中央政权，面对外族的统治，守住前朝的国色，守住心中的"红"，再度成为一种集体的民族的情结。

可见，中国人从汉朝的"炎汉"，几经沉浮，到宋朝（960—

1279 年）定国色为红色，再到近代，上千年岁月的沉淀，红色就定格为中国人精神上的一种图腾。

或许纯属巧合，坚持唯物主义思想指导的新中国，也将代表革命的红色定为了当今中国的代表色。

暂且抛开这些"五行相生相克"论或"颜色革命"说，纯粹从色彩角度来看，红色与中国人的特征颇为相投。中国人为黑头发黑眼睛黄皮肤。这种特征在衣着搭配上，穿红色更显精神和漂亮，而且红色也的确最能提升国人的肤色。

中国人对红色的重视和钟爱体现在生活中的方方面面。

传统中式婚礼上，新郎与新娘的服装都为大红色，代表喜庆吉祥。古代新娘子还会用一条边长三尺的正方形红围巾蒙在头上，称作"红盖头"，婚礼上还有红地毯，红对烛，接新娘子的红花轿……到处都是浓郁醇烈的大红色彩。

婴儿出生后，报喜的家人会将鸡蛋染红，将红鸡蛋送给亲朋好友及邻里，这也是中国民间表达喜庆的风俗。

过年过节，中国每家每户要张贴大红对联；过年给孩子的压岁钱要用红纸包裹，被称为"红包"；大家互相之间的节庆祝福语也为"红红火火""满堂红"，代表好运与兴旺。就连美丽女子，中国自古也称之为"红颜"。

总而言之，中国人喜欢将许许多多美好的事物用红色来代称，许多人的心中都藏着一抹永不褪色的"中国红"。

黄土高坡的中国红

赵芹章 / 摄

为什么中医"墙内开花墙外香"

　　德国有不少医科博士万里迢迢远赴中国学习中医，在欧洲，有越来越多的医生和民众认可并喜欢中医，就连审核严格并苛刻的德国医疗保险公司也越来越多地将中医诊所提供的推拿、针灸、按摩纳入医保范畴。反观国内，每年高考，报考西医的学生人数远远超过中医。构成中国传统文化一个重要元素的中医，为何会出现这种"墙内开花墙外香"的现象呢？

　　中国现存最早的中医理论著作《黄帝内经》中提出："上医治未病，中医治欲病，下医治已病。"意指最高明的医生能够预防疾病，中等的医生能在病情初期进行及时干预并治愈，低层次的医生则是对症治疗。

　　其中"治未病"一直被认为是中医的最高境界。秉承这一理念，中医诊疗强调追根溯源，所以经常会"同病异治"或"异病同治"，这大概也是中西医区别的根本点。从中可以看出，中医是以人为本，诊断时更关注于病人而不是疾病本身。乍一看，貌似中医不是在对症治疗，见效自然较为缓慢，又因为中医本身缺乏用"循证医学标准"验证的疗效证据而屡遭质疑。

　　西医则专注于疾病本身，往往直接针对患病部位进行诊治，

因为常常有立竿见影的功效而愈来愈受到推崇，这也与现代人紧张忙碌的生活、工作状况比较契合。但这种过于针对性的诊治方式难免也有其局限性和弊端。

按理来说，最理想的模式应该是中西医相结合，互相作用，各取所长。但知易行难，我们不妨从几方面来看看，为何中医的发展、推广总好像遇到瓶颈难以突破？

第一，中医不像西医那样可以标准化。

世上任何一件事物，若无法标准化，都被归类为个性化产品，其规模及影响力自然无法与可以量产的标准化产品抗衡。同时个性化的特点又容易让人们对其稳定性及可靠性产生疑问。

比如西医看病，除了简单的"望、闻、问"过程，主要依靠一整套先进的仪器设备进行多种检测、数据分析。再通过将这些原始数据与资料库中的数据标本相对照，得出诊断结论。即便偶尔也会判断失误，但总体上来说，误诊的概率还是很低的。

中医看病采用"望、闻、问、切"四诊的方式，'望'即观气色；'闻'是听声息；'问'是询问病人症状及患病史；'切'是用手把脉。

这比西医不但多了道"把脉"的程序，且在具体操作上，"四诊"所涉内容也更广泛详尽。

依靠"望、闻、问、切"来下结论，判断的正确性完全取决于医生的临床经验。医技高超的名医与滥竽充数的庸医，其得出的诊断结论往往可能截然相反。所以，除非对诊治医生已有充分的了解，否则遇到良医可能像博彩一样。试问又有多少人愿意拿自己或家人的健康来冒险呢？

第二，人才选拔与培训机制不同。

在德国，成绩最出色的高中毕业生才能学医，所以就读医科的都是一些勤奋刻苦、学业优异的精英分子。而在中国，愿意报考中医的精英学生却屈指可数。

中医培训途径通常有：中医大学之类的院校体系、祖传、师承及自学。所有这些培训方式中，祖传的模式成效最明显。因为中医水平的高低与临床经验是否丰富有很大关联。往往只有这种家族祖传的方式，授业者才会毫无保留地将自己一身绝学倾囊相授。

这种模式与西医大批量的通过院校培养、输出人才相比，规模上完全不可同日而语。

至于中医大学，一来老教授（老中医）原本就稀缺，还经常被各地延请出诊，少有能安心教书育人的。中医又属于入门门槛低，精通却很难的一门学科，需要很多时间在实践中积累经验。比如中国明朝最著名的医学家、药学家、博物学家李时珍（1518—1593 年），当年就是跋山涉水，到各地收集药物标本，并亲自"遍尝百草"。他还走遍大江南北寻访名医，并在民间收集各种散落药方进行整理，倾注了毕生心血和精力编纂出医学巨著《本草纲目》。

可当今社会，很多人围绕着中医问题争执不休，辩论双方却没有几位认认真真地学习过中国医学的古代四大经典——《黄帝内经》《难经》《伤寒杂病论》《神农本草经》。李时珍耗尽一生精力撰写的《本草纲目》也被许多医者束之高阁。少有年轻人能甘于平淡，愿意潜心钻研，耐心地去磨炼，而浮躁和急功近利的社会风气显然对中医发展是很大的阻碍。

第三，中草药的种植及药材市场缺乏规范化、标准化管理。

原本中药材是野生野长的，属于吸取日月之精华的天然资源，这样配置出来的中药，其药效最显著。

随着全球对中草药需求量的增长，目前很多地区采用人工种植的方式来满足市场需要。而中药材不但讲究原产地还讲究采摘时节，中国民间有句谚语："三月茵陈四月蒿，五月砍来当柴烧。"

现在许多药材，药农们为了追求更大的经济效益，往往不顾药材达标所需的生长年限，也忽略药材原汁原味的产地要求。而药企在加工制作时，很多也偷工减料，并没有严格按照规定的操作程序来进行。这些都使中药材的药性、药效大打折扣。

再遇到一些技艺不精的中医，不敢真正用药"以偏制偏"，开出的都是些"安全"药方，治不好病但患者也不会因误诊而致死。

失效的药材加上一些滥竽充数的江湖郎中，中医在中国的衰败似乎已成必然。而万里之外却是完全不同的光景，中医在国外渐至佳境，民间对此也是津津乐道。

大家一定还有印象，2016 年巴西里约热内卢奥运会，世界泳坛巨星美国的菲尔普斯在跃入水中时，背部及肩膀上那醒目的紫色圆圈。那段日子，德国媒体天天都在讨论这源自中国的"神秘之物"。中医的拔火罐由此映入西方人的眼帘，并得以逐步推广。现在走在欧洲街头，时不时地会看到中医诊所的挂牌，这些诊所提供包括推拿、按摩、刮痧、针灸、拔火罐一系列医疗服务。有些因为可以被当作医疗辅助及康复项目，而被逐步纳入医保范畴。

拔火罐、刮痧……这些传统中医疗法之所以渐渐被西方人接纳，一来因为疗效快，二来这些属于临床应用类，避免了医生因语言不通造成的与病人的沟通障碍。毕竟能说流利外语的中医属于凤毛麟角。

值得一提的是，由于每个国家对药材的进口都有管控，而且中药配方基本上都是量少品种繁杂，所以国外的中医诊所大多只是提供针灸、推拿及拔火罐类容易操控的项目。很多笃信中医的患者为了探访名医，仍然不远万里前往中国。

目前在西方，有相当一部分作为社会精英阶层的医生，在对西医进行反思。有些西方医生，当他们的亲朋好友患病，在经历了种种医学尝试仍然不见改善时，爱莫能助的他们往往都把希望的目光投向古老的东方智慧。

笔者曾遇到过几位这样的德国医生，他们花很多时间在中国学习、实践中医，返回德国后，更是极力向医界同仁推荐中医

"审因论治"以及"同病异治""异病同治"理论，主张中西医结合，采纳中医的病因推理法来更好地对症治疗。

有人认为他们此举堪称"他山之石，可以攻玉"。既然如此，我们中国人是否更应该意识到，我们不应一味地跟在西医后面去定义自己。几千年的中国传统医学，需要一群能守住初心的人去继承它，并将它发扬光大，持续地为现代医学提供营养和基石。

1669 年创建的同仁堂药店

罗宏 / 摄

为什么说练书法可以养生

几位想学中文的德国人跟笔者抱怨说，中文太难学了。笔者知道其中有两位酷爱画画，就对他们说，那不妨尝试练练中文毛笔字，就权当是在画画。

几个月之后，练书法的两人欣喜地告诉笔者，不但学会了不少中文字，他们的家人也跟着一起练，现在练书法居然成了他们家庭的周末聚会活动之一。"练字的时候精神很愉悦，跟跑步的感觉一样。难道练字也是一种身体锻炼?"德国人对此感到非常好奇。

笔者回答道:"你们练字的时候是否全神贯注仔细观察笔画?当我们专注于某事时，精神上是最愉悦的。而且练书法还有诸多其他功效。"

中国古代有句话:"寿从笔端来。"从古至今许多有名的书法家都是高寿，而且这些书法家大都还具有高贵的人品。

比如，被后世以"颜柳"并称的两位中国古代大书法家:颜真卿和柳公权。他俩的书法常被人们誉为"颜筋柳骨"。颜真卿（709—784 年）忠义刚直，75 岁时奉旨以吏部尚书身份去晓谕叛将，后被叛将缢杀。他所创的颜体楷书端庄秀美，丰腴浑厚，至今令后世难以望其项背。

柳公权（778—865 年）为人刚正不阿，他的柳体楷书以瘦劲著称。当时民间有"柳字一字值千金"的说法。柳公权在回答唐穆宗关于用笔之法的询问时说："用笔在心，心正则笔正。"

此话一语中的。因为练字表面上看是练字体，事实上练的是"心"。人们通过书法结构的疏密、点画的轻重、运笔的疾缓来抒发情感和描写意境。当临摹古代书法家的名帖名碑时，若醉心其中，就犹如一场学习者与临摹对象跨越时空的灵魂交流和对话，因为古人的人生阅历与思考都体现在了其作品之中。所以，练书法强调"练神为上，练气次之，练形又次之"。若持之以恒，练字之人的容颜与精神状态都会相应发生改变，恬静淡泊滋生心底、展于眉眼。这也是为何会有中国人倾其所有去购买心仪的墨宝，拍卖行里一些古代名家的墨宝可以拍出上千万人民币甚至更高的价格。

也因此，书法练习被很多中国人当作修身养性、平和心态，同时调理身体的一种高雅的爱好。

我们不妨了解一下练习书法的正确姿势：头要摆正、身体要坐直；肩背放松、自然下沉；毛笔笔杆尽量对准鼻梁；两只脚平稳着地。

这是否与那些练气养气的柔性运动，比如太极拳、瑜伽的准备动作很相似？

再来观察握毛笔的方法，通常分为三指执笔法和五指握笔法，这主要看个人运力的习惯，只要保持手心虚空，运笔能够流畅轻快就行。初学者一般采用悬腕法，把手肘搁在桌面，手腕悬

空。有了一定程度的书写功力后就可以改用悬肘法，也就是手肘与手腕全部悬空。

接下来，就是最关键的走笔，把力度通过手腕或手肘及手指运送到笔尖。

走笔的过程需要静心，缓慢而有节奏地去掌控力度，虽然看上去似乎只是手在动，其实练习书法涉及全身多个关节和多块肌肉，可以说全身的气血都在运行，堪称"慢气功"。

目前中外医学界越来越关注心理因素对人类身体健康的影响，比如急躁、忧虑、愤怒等这些负面情绪对身心造成的伤害。而书法练习恰恰是调整情绪的良好方式。东汉著名书法家蔡邕在《笔论》中指出："书者，散也。欲书先散怀抱，任情恣性，然后书之；夫书，先默坐静思，随意所适，言不出口，气不盈息，沉密神采，如对至尊，则无不善矣。"用现代语言来说就是练习书法前，先要放飞情绪，让思绪自由自在无拘无束；一旦握笔在手，就要心无旁骛、内敛专注，这样书法作品才能达到行云流水、自然天成的境界。

诚然，修身养性、平缓情绪的方法有很多，如练琴、画画，但经常会受到条件与天赋的束缚。练习书法则可以不分场合、不分年龄、无须天赋，有笔有纸就可。尤其是书法水印纸的发明，让书法练习变得更加方便和高效。

人们常说："书为心画，字如其人。"

在中国古代，文人们学业之初得先练字，此习惯一直延续几千年。而今的人们常赞叹中国古代多雅士，这与当时的读书人琴、棋、书、画皆需掌握甚至精通有很大的关联。

日本在中国唐代（618—907 年）曾派出多批遣唐使来到中国，将中华文明复制到日本。这些中国传统文化、文明在日本得到发扬光大，保留并延续至今，其中书法被列为中小学的必修科目。反观中国，作为书法的故乡，相当长的时间，书法教育在校园几近绝迹，这不能不说是个很大的遗憾。近些年，中国政府强调传承传统文化，书法教育才缓慢地逐渐回归小学生课堂，这实在是教育的幸事。

当中国借鉴西方文明，追赶西方脚步的同时，要时刻记住，那些经历了几千年的风雨洗礼，被科学证明健身益智的优良传统，更需要大家去精心呵护和弘扬。这样的中国文化才更有活力和生命力。

文章最后，附上中国人的二则养生法，供大家参考、实践。

一、叩齿。这是中国民间盛行的一种养生术。俗话说"朝暮叩齿三百六，七老八十牙不落"，大家每天空闲时上下齿相互咬叩，每次 100 次以上。这个方法能强健牙齿，对身体其他器官也有益处。

二、指腹梳头。看电视、听音乐时，不妨试试用双手按摩头皮，就像平时洗头那样，同时用十个指腹，从前额的发际向后梳。注意：不能用指甲梳头，而是指腹。这个可以促进头部血液循环，有非常不错的身体保健效果。

学习书法

罗宏 / 摄

为什么中国人喜欢练太极拳

笔者父母来德国探亲，看到笔者家附近有个风景秀丽的公园，这让老父亲顿时无比开心。

每天天刚亮，父母就前往公园。笔者知道他俩有每天早晨练习太极拳的习惯，一天不练，都会觉得有所失落。

过了些日子，父亲告诉笔者，周末让笔者陪他俩去公园。

知道笔者心里想趁周末睡个懒觉，机械工程师出身的父亲认真地对笔者说："现在有好几个德国人在跟着他打拳，可因为语言不通，有些动作无法解释，你来帮我当翻译。"

结果，周六上午，居然来了十几个德国人，男女老少都有，连父亲都懵了。笔者跟他开玩笑说："你的德国徒弟们把家人都带来了。"父亲脸上浮出无比自豪的表情，这在他退休之后可是难得一见。

后来，父亲回国前特意叮嘱这群德国"徒弟"一定要坚持练习，当然，也没忘了告诫笔者：不要一直认为太极拳是老年人的运动，你看人家德国人都学得这么认真，你"近水楼台"还不用功？

话虽听进去了，行动仍然慢了半拍。直到后来出现肩膀手臂疼痛现象，才开始真正重视，想起父亲的教诲：太极拳属内外

兼修，不仅仅只是修炼筋骨，更是内心意念的修炼。

人民体育出版社《太极拳运动》一书中记载："北京运动医学研究所曾对50—89岁的中老年人进行了较为详细的医学检查。对比发现，常年打太极拳的人，在体格、心血管机能、呼吸机能、骨骼组织、代谢功能等方面，状况都比较好。"

这或许听上去有点像"包治百病"的广告宣传，但笔者经过一段时间每天早晚一套拳的练习，确实感觉自己的身体及精神状态都比以前好，整个人神清气爽，似乎也变年轻了。

练太极拳时，经常有德国朋友问：中国太极拳强调的那个"气"到底是什么？这个"气"是怎样在体内运行的？

为了解答他们的疑惑，笔者翻查了不少资料。欧洲人大都知道瑜伽，习练者也不少，而对于太极拳却知者寥寥。笔者曾经向他们解释，太极拳与瑜伽有不少相似之处，两者都是一种舒缓运动，通过练习来唤醒人们内在的能量。

后来笔者读到郑曼青先生的《郑子太极拳十三篇》，觉得这本书的内容应该对太极拳运动做出了最好的解答。

"鱼其善游者也，生乎水而长乎水，其能知水之作用乎。人其善行者也，生乎空气，长乎空气，亦不知空气之作用也。……是知人之有空气，即鱼之有水也。人在陆地上，游乎空气之中。"

指出人行走于天地之间，就像鱼在水中游，大家是在空气中"游泳"。

这段话道出了太极拳的真谛："以心行气，以气运身。"

游泳需要熟悉水性及掌握技巧。练太极拳就是教大家空气中"游泳"的技巧。通过意念控制，使由鼻呼吸进的空气，运行到下丹田的位置（下丹田通常指小腹部或肚脐至脐下小腹部分的穴位），通过这种正确的呼吸方法和运动方法，进一步让身体达到五脏六腑气血流畅的状态。

这也与中国古代养生学的理论"呼吸到脐，寿与天齐"相吻合。

练太极拳，首先练的不是拳，而是学习正确的呼吸吐纳方法。比如用腹式呼吸法替代胸式呼吸。

初生婴儿都是腹式呼吸。而大多数成人除了睡觉时是腹式呼吸，平常时间多为胸腹混合呼吸，以胸部扩张和收缩为主。

腹式呼吸法通俗地说，就是能让更多的氧气进入肺部，同时吐出更多的二氧化碳。这也是练习瑜伽时最基础的动作。

氧气对人体健康的影响不言而喻。缺氧的饮食及生活方式，是癌症及其他疾病的重要诱因。我们每个人随着年龄的增长，都会出现腰酸背痛、腿痛、关节痛等症状，这是因为污染的外部环境，不健康的饮食习惯，长期的心理压力，各种内因外因造成体内毒垢日积月累，堵塞了人体的气血通道，使人体长期缺氧。人体在缺氧或低氧状态下，会引发身体的各种疾病。练习太极拳，就是通过运动帮助人们远离这种缺氧生活方式。

除了练气，太极拳还有一个特征就是练习身体的柔韧性。

郑曼青先生在《郑子太极拳十三篇》中指出："太极拳是专气致柔的运动。气旺则血足，气旺血足则筋柔。筋柔者，婴儿之特征也。"

养生就是让人们的身体状态尽量往婴儿时的饱满状态靠拢而"返老还童"。

太极拳中有拉筋压腿的动作，人老了身材会变矮，这其实是筋缩导致的。换句话说，筋缩是人体衰老的原因和结果。中国有句俗语："筋长一寸，寿延十年。"由此可见筋脉韧性对健康的重要性。

年纪大的人，体内胶原纤维数量减少，经络萎缩，筋骨僵化，导致手脚无力，给人以步履蹒跚、老态龙钟的印象。

练习太极拳可以让人在放松的状态下，通过拉筋动作，伸展躯体，使经络通畅，从而达到太极拳"内练一口气，外练筋骨皮"的效果。

许多初学者都喜欢询问，究竟要修炼多久才能出师？

"慢练"是太极拳的要点之一。太极拳，所学流派不同，招式也不同。有 24 式简化太极拳，郑子太极拳 37 式，另外还有 48 式、88 式、108 式太极拳，等等。对初学者而言，自然是先易后难，争取每招每式都练到炉火纯青的地步。通常而言，入门需要修习至少三个月，持续练习三年以上，可以开始慢慢领悟拳道。

太极拳修炼方法为"用意不用力"，意念始终贯穿其中。高手可以达到心到意到，意动身随，气到劲到的境界。其中个人悟性在相当程度上决定了修炼的进程。

但不容置疑的是，大家的健康状况，在练习第一招式时已开始改善。

太极拳表演

罗宏/摄

为什么中国人都会"亚洲蹲"

如果说"中国人都会武功"是世人对我们的误判，可如果"亚洲蹲"（Asiansquart）算一种功夫的话，中国人确实可以称得上"人人都深怀绝技"。

"亚洲蹲"的姿势通常为：双脚全部着地，外八字张开；双膝分开；臀部贴近脚踝。因为这是亚洲人特有的蹲姿，故被称作"亚洲蹲"。

当然，蹲可以有各种姿势，包括人们常说的"乞丐蹲""脚尖蹲""箭步蹲""半蹲""深蹲"……关键是臀部不能着地而变成坐。今天，我们把它们都归纳成"亚洲蹲"。

在中国旅游的外国人经常会看到这样的情景：路边的树荫下，蹲着三三两两的人们在纳凉；在各种广场、公园，许多人累了，若旁边没有座椅往往就地一蹲；乡村的池塘边、河边，妇女们蹲着洗菜、洗衣服。相较于许多欧美人将蹲当成是一种折磨，中国人却是一脸惬意和放松的神情。

面对欧美人困惑的表情，中国人也是满脑子想不通：这生来就会的动作，怎么会有人做不到？

中国有句话："立定脚跟撑起脊。"中国的孩子们几乎在学会走路的同时就学会了蹲着。因为祖祖辈辈都采用这种蹲姿进行休息、放松，这一习惯也就延袭了下来。

首先，"亚洲蹲"的实用性在日常生活中非常明显。

长途跋涉走累了，就地一蹲，地面是否潮湿有水渍，是否灰尘满地，这都无关紧要，休息过后站起身，也不用担心是否弄脏了衣裤。这种随时随地都可以随心所欲休息的本领，自然令人羡慕，因为这意味着多了一种生存技能。

同时，在中国学会"亚洲蹲"，还有一个关键的作用：上洗手间。

中国大小城市，目前采用的大多是蹲厕。有些一线城市，为了向国际化看齐，景区采用国外通用的坐厕，结果引起了不少中国人的抵制，要求恢复或者大部分恢复先前的蹲厕。这当然与大家的一些卫生习惯有关，认为坐厕与皮肤直接接触，会感染病菌。

所以，若在中国的卫生间，看到一些中国人推门却不进去，那多半是在寻找蹲厕（目前中国不少洗手间分别设有坐厕和蹲厕）。

西方学者凡事都喜欢探个究竟，自然对中国人喜欢使用"蹲厕"也进行了一番研究，得出结论：使用蹲厕，更符合人体工学。

人处在蹲姿与坐姿时，肌肉用力完全不同，大家不妨试试。蹲姿会挤压和刺激到腹部，从而促进肠胃蠕动，更容易排空结肠，让肠道内的毒素不容易积聚。

中国有句俗语:"人老脚先衰,树枯根先竭。"

腿和脚是人体的精气之根,尤其是脚部更被称作人体的"第二心脏"。我们人体有许多血管都集中在脚底。作为离心脏最远的脚部,对保证人体血液循环畅通起着至关重要的作用。

所以,中国的许多养生动作和运动都与训练腿部和脚部肌肉有关。而"蹲"在中国就被视作一种既简单又便于实施的养生方法。人们在做下蹲这个动作时,得同时弯下大腿、膝盖、脚踝,这除了能增强腿部的肌肉力量,还可增强腰、髋骨、膝关节、踝关节的柔韧性,尤其是脚踝的弹性和稳定性。

现代的人们,通常运动量不足。尤其是办公室一族,许多人因为长期久坐不动而导致不同程度的头痛、头晕和腰背痛。

前段时间德国媒体报道,1/4 的德国男性,1/3 的德国女性缺乏体育锻炼,这造成德国人体重超标者的比例名列世界前茅,而且也提高了患癌风险,恶性肿瘤在德国已成为"国民病"。

对于不爱运动又想控制体重的人士来说,或许"亚洲蹲"可以成为一种补救措施。人们常说"女人先胖腿,男人先胖肚",观察一下我们熟悉的亲朋好友,她(他)们体重增加时,是否符合这条规律?而"下蹲"这个屈曲动作,燃烧的恰恰是腿部和腹部的多余脂肪,所以说是男女皆宜的一项锻炼。

不过对于年老体弱者,长蹲会造成腿麻、头晕,起身后容易摔倒,此举并不提倡。不妨改成每天"踮脚跟"的方法进行锻炼,而且这个动作,除了可以在站立或散步时进行,哪怕坐着也可以左右脚交替练习。

　　每当看到一些七八十岁的中国老头、老太蹲着边晒太阳边与旁人闲聊的情形，欧美人士除了感到不可思议之外只剩惊叹，而中国人对此早已是见多不怪，习以为常。我们不由得心生一份感恩之情，中国老祖宗的智慧和习俗一直在呵护着自己的后人，一代又一代，绵绵延延。

下棋的老人

赵芹章 / 摄

为什么中国人喜欢睡午觉

2018 年 9 月的某天，一个普普通通的清晨。笔者在厨房准备全家的早餐，儿子与先生各自在忙于洗漱，收音机里在播报早间新闻。突然，10 岁的儿子带点激动的语气跑到笔者身边说："妈妈，你听到刚刚那则新闻了吗？这简直是胡说八道！"

新闻说，美国人发现睡午觉有助于身体健康及提高学习、工作效率。"这明明是中国人的理论，怎么又成了美国人的了？"儿子仍然嘀咕着在发泄不满。

2017 年，美国的 3 位科学家成为诺贝尔生理学与医学奖的获得者。他们的学术贡献在于发现了控制生物昼夜节律的分子机制。自此之后，似乎全世界达成了默契，凡涉及生物作息规律的实践和理论，都归功于美国科研人员。

笔者一直在思考一个问题：中华传统似乎与现代营销存在严重的脱节。很多时候，我们都处于一种被动自辩的局面，而不是应变出击，把握主动权。

其实，中国人自古就讲究作息规律，尤其对中午这一时段的休息非常重视。中国有睡"子午觉"一说。古代中国人将一昼夜分为十二个时辰，子时代表时段 23：00—01：00；午时代表

时段 11：00—13：00。中午的休息也被称为"睡午觉"。

午睡就好比旅行途中给汽车加油，是日常调理、休整身体的重要途径。关于午睡在保护心脏、降低血压、提高免疫力、增强记忆力方面的功效，目前已得到国内外许多科研机构的佐证。

在中国，集体午休已成了中国人长年累月养成的一种生活习惯。

休闲时间充裕的人们，比如已退休的老人、幼儿园的小朋友，中午往往会睡足 90 分钟；学生、上班族则抓紧时间休息 15—30 分钟。有些职员甚至会放一个可折叠的躺椅在办公室，午休时间美美地睡一觉。这种"快速充电法"自然也有讲究，小睡时间必须控制在 15—30 分钟之间，因为这时人体还处于浅睡阶段，比较容易醒来，否则超过 30 分钟进入深睡眠阶段后再突然被打断，大脑更容易感到昏沉。

有些中国人视午睡为陋习，认为这是一种生命的浪费，试图从饮食结构方面入手，来改变这一状况。他们认为西式早餐颇为丰盛，有涂抹了黄油的面包、火腿片、牛奶、果汁、燕麦片，这些高蛋白食物基本上保证了白天学习、工作需要的能量，所以，午餐只需要一些简单蔬果沙拉就可以了。而中国人的早餐大多是粥、油条、葱油饼、米粉，这种摄入量自然远远无法应对一天的学习工作，于是午餐需要大量进食。中国人的主食米饭、面条都属于高碳水化合物食品，碳水化合物摄入多了，人特别容易疲倦犯困。这种看法自然有其科学依据及道理。比如外国人云集的上海，很多中国人的生活习惯已经西式化，不少上班族似乎已放弃了午睡的习惯。不过，笔者很想做个调查，究竟有多少人将早餐改成黄油、牛奶、面包片了？

各地饮食习惯与午休一样在中国承继了几千年，让一个习惯每天早餐吃一碗米粉才心满意足的南昌人改吃面包，犹如让一位德国人早餐改吃大饼、油条。如果人们钟情于按自己喜爱的方式开始一天的生活，真的有必要强行去改变这一习惯吗？

其实在欧洲，也有一大群既能享受丰盛早餐，又拥有媲美甚至超过中国人午休时间的幸福人们。

比如西班牙、意大利，下午 2 点到 4 点很多店铺都关门，因为店主们需要午休。而希腊人通常中午有长达四个小时的午休时间，他们夏季工作时间通常为：上午 8：00—13：00，下午（晚上）17：00—20：00。

但在德国，午睡似乎是幼儿、老年人或病人的专利，孩子们从跨进校园开始，就远离了这一习惯。

笔者与德国人讨论过这一问题，他们对"邻居们"惬意的生活作息习惯表现出相当的通情达理，认为这些国家地处南欧，夏季非常炎热，午休时间长点可以减少高温造成的体耗。

其实中国有不少城市夏天被称为"火炉城市"，比如长江流域的重庆、武汉、南京、长沙、南昌等城市，每年仲夏，气温都在 37 摄氏度左右，甚至更高。但显然，中国这些城市的夏季无法像希腊那样在时间上奢侈一把。

中国人除了白天繁忙，夜晚也被各种事务和琐碎填满。学生有大量的家庭作业要完成；员工们不好意思按时下班，只能陪着上司在办公室或加班或无聊地耗着；各家餐厅一直到深夜才打烊，生意人仍在推杯换盏中周旋；路边的大排档摊主忙着热情地招呼夜归的人们，而城市清洁工人已开始了新的一天的劳作。午夜的街头仍然灯火通明，无数疲惫的身影正在赶着回到这城市的某个角落，那里有一盏只为自己留着的温暖的灯。

中国人总体来说，睡眠时间是远远不够的，这也使中国人养成了让外国人目瞪口呆的"独门绝活"，中国人似乎在任何地方、任何时刻都能以各种姿势迅速进入睡眠状态，比如地铁车厢、巴士、教室、办公室……

有一回，笔者与几位朋友逛超市，中午店里很冷清，我们打算向一位服务员咨询某商品，走近才发现，她居然站在那里打盹。不忍心叫醒她，我们轻轻地绕过她身边。

如果有来访，中国人通常会出于礼貌而放弃午睡。若了解了中国人午睡的习惯，或许可以记住，在中国，有种尊重叫作"不要打扰别人的午休"。

高铁上的午觉

赵芹章/摄

为什么中国人喜欢热闹

中国人是否爱热闹？德国人对此似乎存在截然不同的两种看法。一部分人认为中国人很安静，谦和内秀；另一部分人则认为中国人喧闹，高调张扬。这当然与每个人的阅历和见识有关。

中国人是怎样看待自己的？虽然不乏喜欢独处之人，但整体而言，中国人确实喜欢热闹。

不少前来德国探亲的中国父母们，初来乍到，总会露出不可思议的表情，问自己的孩子："这地方就叫大城市？还没有我们家乡小镇热闹！"

在中国人的印象中，城市应该是喧哗的，车水马龙的街道，繁密的广告牌，林立的高楼，如织的行人……哪怕翻开中国的报纸，也是一片热闹。

"搭台唱戏"似乎是中国新闻的标配，比如"大盘股搭台小盘股唱戏"，"阿里搭台京东唱戏"，"企业文化搭台，经济利益唱戏"，练好"搭台唱戏"之功……估计这些词让翻译伤透了脑筋，若逐字逐句、字字对译，全世界人民真会误以为中国每天都充满看戏演戏的喧嚣。

作为中国人笔者也有点不明白，中华语言博大精深，为什么大家整天围着"搭台唱戏"说来说去？难道就为了衬托出热闹的光景？

不过，这也说明中国人喜欢热闹与中国戏剧息息相关。

中国古典戏剧与古希腊戏剧、印度梵剧并称世界三大古剧，都起源于祭祀或迎神赛会活动。但中国古典戏剧似乎并没有像古希腊戏剧那样演变成一种严肃艺术，相较于古希腊戏剧与印度梵剧，中国古典戏剧更加生活化，更多地被用于宫廷及民间的礼仪、娱乐活动。

因为中国古代敬奉的儒学强调礼仪，从君王、诸侯、士大夫到平民百姓，日常生活中都有一套繁文缛节要遵循，所以中国古代就有宫廷乐官与地方乐官。大家在节庆、婚、丧、朝觐时，相关的礼、乐都是不可缺少的。中国戏剧没有像西洋歌剧那样沦为欧洲上层社会的标配，而是成了普罗大众的精神食粮。

在古代中国，封建礼教强调"男女授受不亲"，兼之又有高高在上的皇权统治，老百姓平常的生活充满压抑，所以逛庙会成了人们向往的随喜添趣的美好日子。人们把原本属于宗教寺庙的节日变成了地方性的世俗节日。除了祭神迎神仪式，庙会期间还有各种戏剧、杂耍表演，临时搭建的各类饮食、民间手工艺人摊铺林立，万头攒动，热闹非凡。

年年相承，庙会的热闹成了古代中国人苦闷生活的慰藉，就像麻醉剂，让人们原本痛苦不堪的生活似乎变得不那么难以忍受。或许喜欢热闹就这样融进了民族的血液中。这也就能理解，中国人发明了火药却只是用来做鞭炮，让热闹的气氛在爆竹声中更加浓郁。

对于古代社会贫困阶层而言，热闹的戏剧更是替代了学校的教育。那些忠臣明君、孝子烈女的事迹，抑或才子佳人的爱情故事，被搬上舞台，成为民众们的精神食粮。

中国人看戏，情绪投入通常比台上演员更充沛。往往台上演员悠扬委婉地在唱，台下观众心里千回百转地在想着自己的生活。就像有首歌写的那样："陪着淌眼泪，陪着笑嘻嘻，随着剧中人，忽悲又忽喜……"台上演的是故事，台下叹的是人生。戏剧成了中国劳苦大众情感宣泄和满足的管道，这也使得中国人的生活往往过度戏剧化，充满了戏剧的喧哗。

中国民间因此将许多戏剧谚语用于生活之中，比如"三个女人一台戏""一台无二戏""台上三分钟，台下十年功"……大家喜欢议论说某某人有"后台"，后台原本是指舞台后面的部分，现在用来影射他（她）有强人或某股势力支持。

大概也是为了配合中国人爱热闹的习俗，大家甚至习惯将干部团队称为"领导班子"，而"班子"这个词原本是旧时对锣鼓喧天的剧团"戏班子"的称呼，与领导干部通常给人留下的庄重、严肃形象大相径庭。比较有趣的是常常见诸报端的一些标题："新的市委领导班子主动搭台，让企业唱戏"，似乎也与这一称呼颇为呼应。

中国人不但喜欢热闹，更喜欢"凑热闹"。"我也来凑个热闹"

成了不少中国人的口头禅。

如果两位中国人摆一副棋盘坐在树下对弈，他们的身边经常会聚集一群人站在后面评头论足；又或者遇人街头吵架、打架，人们往往会瞬间丢下各自手中正在忙碌的事情前往观战，常常是里三层外三层，形成水泄不通的壮观场面。围观群众还经常看热闹不嫌事大，不但不出面劝阻，反而吆喝着助阵，让"战火"愈演愈烈。

而"墙倒众人推，破鼓万人捶"虽然有趁火打劫的意味，不过估计其中夹杂着不少凑热闹的。因为这个世上敢于单打独斗者，要么是愣头青或者属于"初生牛犊不怕虎"之类，要么武功盖世，傲视群雄。但这类人从数量上来说都属于绝对的小众。绝大多数人都具有从众心理，并通过自己的从众行为获得安全感。换句话说就是把自己的脆弱、自卑、失意、胆怯等等都通过集体的喧嚣而掩饰起来。

这种从众行为源自中国几千年的农耕文化土壤。农耕文明聚族而居的生活方式，族长制的管理模式，决定了个人自由意志让步于宗族利益的传统，也形成了中国特有的"七大姑八大姨"现象。特立独行之人在中国社会往往寸步难行。从众成了一种最安全稳妥的生存方式，其代价就是放弃对个人精神独立的追求，以及对个人隐私权的保护。当然，这也换来了至少表面的喧哗与热闹，以至于演变成大家的一种生活常态。

中国有句话自古流传很广："小隐隐于野，中隐隐于市，大隐隐于朝。"大意是真正的隐逸之所不在山林，而在嘈杂的市井和喧嚣的朝廷。所谓"大隐无形"。纷纷攘攘的尘世中，热闹是一种修饰，更是一层保护色。不管热闹背后有多么的苍凉和孤寂，至少在热闹的那一刻可以付之一笑。所以，这也是一种生存的智慧。

看热闹

赵芹章/摄

为什么中国人喜欢"打麻将"

笔者的德国朋友安娜在上海住了六年，回德国时，再三精简行李，但始终给麻将留了一个空间。前些日子她与一帮朋友在笔者家聚餐，德国的夏天十点多天才黑，饭后，有人提议去附近的公园散步，安娜却说："我们凑齐四人来打麻将。"

笔者很少和德国人打麻将，原本会打麻将的德国人就屈指可数，勉强能坐到桌边的，那水平与咱中国人大都相去甚远。

不过，这次安娜可让笔者刮目相看。看来，哪怕她回到德国也没少打麻将，还连带教会了好几个"徒弟"。

院子里打麻将"哗啦哗啦"的声音把两边正在烧烤的邻居吸引了过来，他们拿起麻将端详，润滑的手感在夏天尤其令人感到舒服。看到邻居们充满好奇的表情，笔者心想：大概开办"夏季麻将培训班"是躲不掉了。

"麻将"算是中国的国粹之一。不过，这个说法从来没有官方的认可，虽然也有学者和民间人士组织起来，为麻将申报国家级非物质文化遗产保护，但此举屡遭挫折。毕竟麻将往往与赌具连在一起，这么一来，就很难如同中国京剧那样可以大张旗鼓地宣传弘扬。不过，"打麻将"是许多中国人消遣娱乐的项目，也是不争的事实。

关于麻将的起源已无从考证，它与现在流行的各种博弈游戏一样，演变自三千多年前中国古代民间的一种赌输赢、决胜负的游戏：博戏。到清代乾隆年间（1711—1799 年），麻将已基本定型。

1949 年新中国成立后，曾有三十多年时间全国范围内禁打麻将，直到 20 世纪 80 年代中后期才逐渐开禁。麻将被禁的岁月，牌友们约打麻将，宛若训练有素的谍报人员，他们会把家里的灯光调暗，窗帘紧紧闭上，麻将桌上铺上厚厚的毯子以降低洗牌的响声，那些观战人员还要担负"站岗放哨"的任务，时时刻刻留意屋外的动静。一有异常，大家马上收拾好麻将，桌面上换上瓜子、花生之类休闲食品，装出一副大伙正在聊天闲谈的样子。尽管有对策，但被四处巡逻的治安人员抓获的仍然不在少数。人被抓走之后，自然是一番人脉大动员，找关系、求情、写保证书、放人。遇到没有"关系"的，恐怕就得在派出所关上几天。

虽说如此，人们对麻将仍然是痴心不改。因为通常放人要交罚金，所以这也让受益的治安人员对抓人乐此不疲。

一种游戏能经久流传，成为一种风靡全国的民众娱乐活动，自然有其独特的魅力。

麻将的魅力，首先在于牌张的不断变化，这有一点点像德国西部喜欢玩的洛梅牌（Romme），但相比之下，麻将要复杂得多。一副麻将有 144 张牌，其中 136 张牌是必备的，另加 8 张花牌。目前市面上麻将的通用材质为亚克力和尿素两种材质。有一些追求奢华的人士，家中会收藏一副到几副象牙、牛骨、K金材质的。

打一盘麻将大约15分钟。玩家们通常会事先约定打满多少圈（每圈通常打四盘），比如四圈、八圈。也有事先约好时间的，如四个小时。

麻将是一种四人玩家的策略游戏，它与打牌一样讲究"手气"，起手牌非常关键。不过，接下来的"吃"与"舍"也非常重要。熟手每出一张牌会仔细计算，有人可能把一手好牌打烂了，也有的人拿一手烂牌却最终成了赢家。所以，麻将的另一重魅力在于它是一门选择艺术，体现出一个人取与舍的智慧，时机的掌控以及输赢的气度。

这也是为什么有些人家挑女婿，女孩的妈妈会邀请准女婿一起打麻将，几圈下来，这个男人的人品、风度、观察判断能力都被静观默察的准岳母暗暗记在心里。虽然有善于伪装的；也有为了逃避，干脆谎称自己不会打麻将的；但这一切要想在洞察秋毫的准岳母面前不露破绽，那绝对是极其困难的挑战。可以说，一张小小的麻将桌，浓缩了中国百姓喜怒哀乐的人生。

正因为如此，中国每个地区的风土人情不同，麻将规则也稍有不同。比如上海人打麻将，每个人的舍牌不是胡乱丢在牌桌中间，而是整齐有序地摊放在自己牌墙前面，此举让别人一目了然，自己也可以及时总结、反省。同时也避免了可能发生的换牌、偷牌现象。

这些上海特有的规则都是为了防止作弊和同盟，也比较符合上海人的性格，做事之前先把所有规则、规矩讲清楚，最大限度地杜绝可能出现的漏洞。

湖南长沙人打麻将没有这么多条条框框，但往往规定了其他一些游戏规则，这在无形中增加了取胜的难度。此举对高手起到了限制作用，对新手而言当然是件好事，有扶弱抑强的意味。这也就能理解，为何当年"打土豪、分田地"运动最早在湖南轰轰烈烈地展开。

打麻将，观性格。难怪精明的中国丈母娘们喜欢麻将桌边挑女婿。

中国人几乎都知道《孙子兵法》和《三十六计》，打麻将堪称《孙子兵法》的实战演练，三十六计中的"瞒天过海""声东击西""暗渡陈仓""隔岸观火""欲擒故纵"……许多招式都能在麻将战中灵活运用，打麻将者需要根据形势随时调整战略战术，避免一着不慎，满盘皆输。所以，中国人喜欢说：预防失智三利器：咖啡、茶叶和麻将。

行走在中国，如果看到棋牌室的招牌，那基本上都是打麻将的场所。中国青年一代虽然也与欧美青年一样，更热衷于电子游戏，但逢年过节，陪家族长辈们玩上几圈麻将，甚至有意输掉，让爷爷奶奶赢钱，这被当作一种孝敬长者的行为而获得大家的认可。

一个想要真正了解中国文化的外国人，不妨试着学学打麻将。至于文章中提到的德国朋友安娜，她最近荣升企业高管，当笔者恭喜她时，她向笔者眨眨眼睛，安娜正是通过打麻将进而熟读了《孙子兵法》，看来麻将的作用真是不可小觑。

中国麻将

罗宏 / 摄

为什么中国人生活节奏那么快

不少前往中国旅游的欧美人士都会发出以下感慨：中国的生活很精彩，但若让他们长年累月生活在中国，身体和精神上恐怕都会吃不消。中国人的生活节奏太快了！

笔者的一位经常出差往返纽约的邻居，曾经感叹纽约的快节奏生活。后来公司派他去中国上海、深圳出差，一年之内去了两趟，从此他把快节奏的标签贴给了中国。用他的话说："那里一个月内发生的改变，我们这里可能需要几年。"他说这话当然有理由。作为一名电气工程师，他对柏林机场建设的严重滞后深感不满。柏林勃兰登堡国际机场 2006 年动工建设，原定 2012 年 6 月交付使用，现在乐观地预测要延至 2020 年完工。工程总造价也从起初的 20 亿欧元涨至超过 60 亿欧元。他叹息着询问笔者："柏林新机场建设延宕如此之久，你们中国人是否会觉得不可思议？"

笔者调侃道："住在德国的中国人早已习以为常了。"

德国科隆附近有段高速公路"Dreieck Heumar"，因为连接高速公路 A3、A4 和 A59，所以是一条非常繁忙和重要的交通路段。为了扩建这条长达 6 公里的路段，德国前前后后花了 15 年。期

间常因道路修筑而部分封路，造成每天都是堵塞，交通事故也是屡屡发生。

德国许多中小企业主常常抱怨，因为德国高速公路的封堵，他们的线下客服人员每年要浪费大量的时间在交通方面，造成时间成本和人力成本的巨大损失。

前往中国旅游或出差的德国人耸耸肩："我们暂时还耗得起这种延宕。"

自嘲中又带有一些无奈、一些不甘。

其实，中国也曾有过"耗得起"的感慨。中国人过了几千年"日出而作，日落而息，凿井而饮，耕田而食"的慢节奏生活。有过汉唐盛世，直到明朝（1368—1644 年），中国人仍然沉浸在一种"山气日夕佳，飞鸟相与还"的田园生活中。这种靠天吃饭自得其乐的慢节奏生活很快被满族的侵入而打破。清军入关建立了中国历史上最后一个封建王朝——清朝。

清朝中期，西方国家开始了工业革命，许多以前依赖人力与手工完成的工作，被机器所取代。人类社会生活也由此发生了翻天覆地的变化。

西方的大炮、军舰开到中国，中国战败之后不得不割地、赔款、求和。中国人第一次产生"落后就会挨打"的焦虑与恐惧。

而从欧洲工业革命开始（18 世纪 60 年代）一直到 20 世纪 70 年代末，这两百年是西方铆足全力发展科技和工业的时代。中国则经历了最后一个封建王朝的没落、军阀割据、八年抗战、国内战争、大跃进、"文化大革命",这是屡遭毁灭性破坏,科技落后、发展停滞的两百年。

待到 20 世纪 70 年代末期,中国重新开放国门,人们才惊讶地发现,自己被时代的发展和进步远远地抛在后面。这就像赛跑竞技场,起跑令早就发出,别的国家的运动员们已纷纷在路上奔跑,中国运动员才找到自己位置冲出起跑点。接下来该怎么办?"快马加鞭"或许不是唯一的选择,却是竞技场上落后运动员们的本能反应。

中国改革开放已经四十多年,中国在短暂的时间内补上了两百年的"缺席功课"。

毗邻香港的深圳曾是一个南方小渔村,1978 年人口才 33 万,40 年后,2018 年全市常住人口达到 1252 万,GDP 总量跃居全国第三。

而这个城市也率先在中国创立了一个新名词——深圳速度。1982 年 11 月到 1985 年 12 月,中国建筑第三工程局一公司在建设深圳国际贸易中心大厦时,创下了三天盖一层楼的速度纪录。这在当年的中国是绝无仅有的速度。深圳速度横空出世。

后来,这一纪录被中国各地屡屡打破,目前最快纪录是一天三层楼。2015 年,中国的一家建筑公司用短短 19 天在湖南省长沙市建成了一幢 57 层高楼。这种令人不可思议的中国速度引发全球热议。

德国不少设计师、建筑师纷纷在中国开设工作室。对于他

们来说，在中国更容易实现他们的理想。因为他们担心德国烦琐的审批程序、各党派对项目的争执，会耽搁甚至耗尽他们的激情和耐性。

对于这种快节奏生活，评论自然是褒贬不一。

西方社会对中国的指责多聚焦于社会体制。中国的中央集权制，使中国的改革具有从上而下大规模动员社会的能力，也较少会像西方国家那样，因为反对力量的制约而让新事物搁浅。不可否认，缺乏制约的突飞猛进存在各种各样的隐患。但西方国家也往往因为党派之争而让一些利国利民的政策和措施无限期地搁置，又或者为了某些"思想正确"绑架舆论，最终领导层错误决策造成多米诺骨牌般的连锁反应而酿成大错。尤其令人扼腕的是因为一切慢节奏，西方国家比如说德国，纠错的过程既漫长又遥远。

第一、第二及第三次工业革命，中国因为历史原因都错过了。但信息技术与数字化革命，人工智能技术，新能源，电动汽车……中国希望凭借这些重返"竞技场跑道"。而这位争分夺秒的"新选手"加入，无疑打破了"老选手"们的舒适感。于是，各种议论说法喋喋不休，甚嚣尘上。

其实不少中国人也会抱怨这种快节奏生活降低了自己的幸福感，只不过另一方面，他们又正在享受这种快节奏带给自己的便利。驰骋于中国的高铁令距离不再遥远，中国大江南北各地之间几乎都能实现朝发夕至；产自偏远地区的天然土特产基本上24

小时之内就能送到消费者手上；家里通信线路或电器设备故障，维修人员立马上门；脸部识别技术让自助点餐机前的人们十秒钟完成刷脸支付……

几代中国人的默默奉献，成就了中国今天的"速度"。

但正如前面提到的，几千年农耕文明的熏陶，中国人的精神上始终保留着对悠闲生活的憧憬。于是，不少人怀揣着高强度工作挣到的钱，跋涉千里、万里去追寻慢生活的怡然自得。现在国内外一些知名休闲旅游胜地，一眼望去，便有不少拉家带口的中国人。

对于不少中国人来说"生命在于战斗"，快节奏的生活表明自己很忙碌，很重要也很有价值；而对另一些人而言，恬静的慢生活才是生命的真谛。

其实，无论快与慢，都是一种生活态度，能够选择最适合自己的方式过日子，这就是幸福。

中国内陆省会城市长沙

赵芹章 / 摄

.

饮食篇

为什么中国被称作"舌尖上的中国"

为什么食疗在中国民间如此受推崇

为什么中国人被称为"食米饭者"

为什么中式甜点在国外默默无闻

为什么中国人喜欢使用筷子

为什么中国人喜欢喝茶

为什么中国人不喜欢喝凉水

为什么中国人喜欢嗑瓜子

为什么中国餐桌礼仪有那么多讲究

为什么中国缺少米其林星级餐厅

为什么中国被称作"舌尖上的中国"

一些外国人在中国住久了，互相见了面，也会学着中国人问："吃了吗？"

就像在德国生活久了，人们用"Alles in Ordnung？"（一切都还有序？）互道问候一样。

中国人给外界的印象似乎定格在：天上飞的、地上跑的、水里游的，中国人都想方设法要品尝一下。

而且中国人还喜欢将生活中方方面面都与饮食联系在一起。比如失业叫"丢饭碗"，女人嫉妒叫"吃醋"，生意垄断叫"吃独食"，受到损失叫"吃亏"，家里财政紧张为"喝西北风"，受到特别关照为"开小灶"，形容一个女人有魅力会夸她"有味道"或"秀色可餐"，幸福被称作"日子过得有滋有味"……

若有人问中国人为何对饮食如此热衷，对方往往会回你一句"民以食为天"呀。中国改革开放之前的1978年全国餐饮业收入为54.8亿元人民币，近四十年之后，商务部中国餐饮报告显示，2016年全国餐饮业收入35799亿元人民币，2017年全国餐饮收入39644亿元。这一惊人的增长显示，一旦中国人生活条件得到改善，大家马上想要"犒赏"自己的胃，让自己的味蕾重新活跃起来。

对中国文字稍有研究就不难发现，中国人平时遇事喜欢将就，但对美食却有执着的讲究。光烹饪手法就有：炒、炸、煎、炖、焖、煮、蒸、烤、腌、卤、熏、烩等十余种，而这十余种基本烹饪方法中，每一种方法又可以再细分，如"蒸"又可分清蒸、粉蒸、酿蒸；"烤"可分干烤、生烤、炭烤；就连普通的"炒"都要分清炒、烩炒、爆炒。如此精细的区分，可见中国人对美食的认真态度，正如孔子对待饮食的要求："食不厌精，脍不厌细。"

中国人的味蕾在如此溺爱之下变得格外刁钻，几乎个个都成了美食家。厨师的任何细节疏漏都能被他们挑剔出来。所以，在欧美，若想对一家中餐馆进行评估，只需观察里面就餐的客人是中国人多还是外国人多？若中国人寥寥无几，那这家餐馆的中国菜一定"不地道"。

海外中餐馆通常还有一个大家心照不宣的秘密。西方人士若想体验原汁原味的中国菜肴，点菜时，最好叮嘱服务生一句："给中国人吃的。"服务生通常会会心一笑，菜单递进厨房时就不会多加这么一句："XX 单，鬼佬的。"

"鬼佬"称呼源于 19 世纪。当时外国军队入侵中国，广东人初见红发绿眼的白种人，认为他们与中国古代传说中对鬼的描述颇为相似，故而产生这一粤语称呼。中国最早漂洋过海到国外经营中餐馆的又多为广东人，所以这一称呼在国外中餐馆一直沿袭了下来，成了习惯称呼，目前已无贬义。

　　一些中餐馆为何要将"人"与"鬼佬"区别对待？倒也不是认为外国人不懂美食可以随便糊弄，关键在于食材和调料。

　　地道的中餐馆，一些罕见的食材，尤其是用来调味的配料，几乎都是从中国当地购入的。因为担心断货，厨师平常都是小心翼翼地添加。中国人嘴刁，菜一入口就能品出差异。外国人在这方面不太挑剔，不用特别采用原产地的配料。

　　当然，口味嗜好也在考量之中。比如德国人嗜甜，不少中餐馆都喜欢把菜弄成酸甜口味，这也让许多欧美人士误以为中国菜都很甜。

　　笔者的一位德国女友若干年前自己去了趟中国旅游，回到德国大家问及她对中国饮食的印象，除了对北京烤鸭赞不绝口，其他的却说不出个所以然。大概胃被烤鸭填满了。后来她随笔者去了趟中国，现在整天念叨着要再去中国，而且最好能在中国好好地住上一阵子。

　　因为那趟中国之行，所到之处都有当地的美食家朋友带路，大家走街串巷，尝遍当地的名小吃，她不由地感叹：我现在总算明白了，中国人为何总说"世界万物，唯有美食与爱不可辜负"。

　　虽说中华美食笼统被称为"中国菜"，其实疆域辽阔的中国各地饮食习惯差异很大，相对而言，可以用"南甜北咸、东辣西酸"来概括。

　　这些饮食特点当然与各地的气候和地理环境有关，大家常说的"入乡随俗"也包括饮食上的自我调节和适应。

笔者父亲来自上海，当地的本帮菜偏甜，父亲大学毕业被分配到湖南，娶了笔者的母亲、一位地道的湖南女子。湘菜号称"辣不怕"，记得笔者童年从上海返回湖南，吃西瓜被辣哭了，因为湖南人切西瓜的刀全带着辣味。父母亲这"一甜一辣"在 2018 年迎来了他们的金婚纪念，岁月就这样在甜中有辣、辣中有甜中相濡以沫。

笔者又把"辣"带到了德国。饮食较单一的德国民众不怎么吃辣椒，却偏爱甜食。其实德国气候冬春阴湿寒冷，体内湿气很难通过汗液排出，笔者几次回国探亲时拔火罐，拔罐的斑痕都是紫黑色的。后来炒菜时笔者就加强了"放辣"的力度，因为辛辣食物可以助人排汗，从而达到驱寒祛湿、养脾健胃的功效。几年之后，我们全家都是无辣不欢了。

德国大众的饮食习惯似乎这些年也在悄然变化。十几年前，通常只有在中国超市才能购到的生姜，如今已出现在德国各大超市的货架上。

川菜馆里热气腾腾的火锅边也开始围绕不少的德国人。

中华饮食文化就这样以润物细无声的方式渗透进越来越多外国人的生活之中。

欧美人喜欢说"追随我心"，中国人或许更忠实于自己的胃。个中原因，大概儒家思想的潜移默化，让中国人自出生就无法"随心所欲"。但儒家思想又承认"饮食男女，人之大欲存焉"，也就是说食欲和性欲是人的基本欲望。儒家礼教的"男女授受不

亲"主张，使得中国古代男人虽然可以拥有三妻四妾，但公众场所，人们对男女之事讳莫如深。所以，唯有美食民众可以大张旗鼓地公开讨论和运作，这也使更多的人把生活的关注点放在美食上。

中国人钟情美食，可能还有一个原因。中国封建社会几千年都属于皇帝的"家天下"统治，臣民往往可能因为一句话、一首诗而让整个家族遭受灭族之灾。有时候"文字狱"可以牵连成千上万人。在这种环境下，很多满腹经纶之士，要么寄情于山水整天悠哉乐哉；要么痴迷于美食。概因烹饪本身是一项创造性的活动，它能弥补抱负无处施展的缺憾，并用入口的美味来抚慰人的心灵。中华美食中的许多经典传统名菜就是如此诞生的，比如"东坡肘子""东坡肉""太白鸭"等。

久而久之，中国人的基因中，嗅觉与味觉变得格外敏锐。而这也让中国人哪怕走遍千山万水，仍对自幼生长的故乡念念不忘，因为那是大家味蕾启蒙的地方。

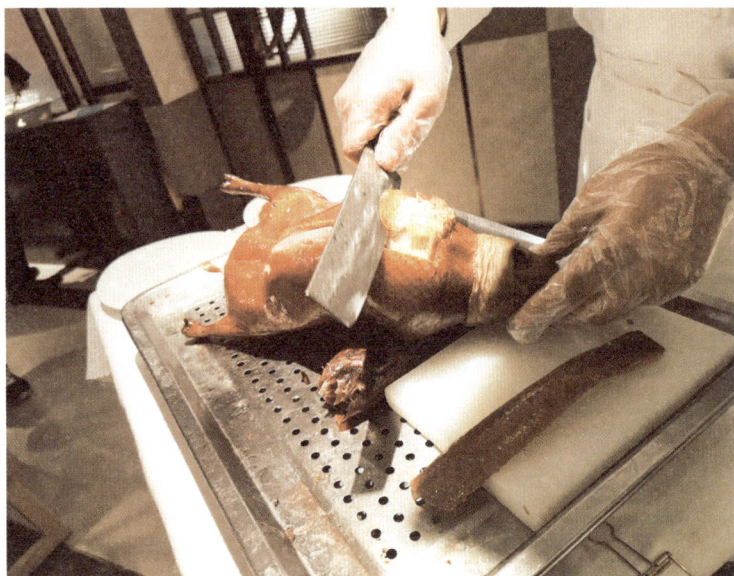

驰名中外的北京烤鸭

李志光/摄

为什么食疗在中国民间如此受推崇

西方有一句家喻户晓的谚语："You are what you eat"，意思是：人如其食。西方美食家则喜欢说："Tell me what you eat and I will tell you what you are."（告诉我你吃些什么，我就能说出你是什么人。）

若换了中国人，他会凭养生智慧将这句话改成：告诉我你吃些什么，我就能说出你是否健康。

中国是个拥有美食文化传统的古老国度。美食对于中国人来说，并不仅仅在于满足口腹之欲，更多的时候，它起了调理身体、维持健康及防治疾病的作用。

中国最早的医学经典《黄帝内经》记载："凡欲诊病，必问饮食居处。药以祛之，食以随之。毒药攻邪，五谷为养，五果为助，五畜为益，五蔬为充。"意思是古代医生就诊时，一定会询问病人的饮食习惯。强调用含毒性的药治病，再通过五谷、五果、五畜、五蔬，这些日常食品辅助调养，才能除掉病根。

这其中就包含了食疗的理论。

中国历史上有"制羹献尧"的典故。传说中国上古五帝之一的尧帝患了厌食症，彭祖用"雉羹"（鸡汤）治好了他的病。这道"雉羹"也是中国最早的关于烹饪的文字记载，而彭祖更是被中国人尊为"食物养生祖师爷"，他独创的膳食养生术，直到四千多年后的今天，仍受到人们的重视和推崇。在中国，几乎家家户户都知道巧用各类食物的特性，以达到提高免疫力、预防及驱散疾病的效果。熬制美味羹汤更是许多中国家庭的拿手活。

比如说，每年冬天来临之前，不少德国人就会去诊所打流感疫苗；而中国妈妈们则会在入冬时，用米加上清水熬粥，里面加入葱、姜、一小勺醋以此来预防和治疗感冒。

刚刚生完孩子的中国产妇们更比德国产妇们幸福无数倍。考虑到产妇身体虚弱，又要哺乳，她们的家人通常会精心熬制各种营养餐，用来帮助产妇调养气血，恢复体力。比如在鸡汤里加入当归，或玉米排骨汤中加入党参、黄芪，粥汤容易被消化吸收，而这些药材都有补血固气的滋补作用。

中国自古以来就主张"药食同源"，表示食物与药物之间并没有绝对的分界线，很多物品既是食材又可充当药材。比如生姜、枸杞子、蜂蜜、莲子、桂圆、茯苓等。

因为中医与西医不同，中医注重人要有"精、气、神"，《黄帝内经》也强调"正气存内，邪不可干"，意思是人的体内元气充足时，疾病很难入侵。退一步说，即使患病，也能通过人体自身的修复功能来达到自愈效果。所以，中国人养生就是养气，人体内的气通顺了、强健了，身体就不会有毛病。

而养气，除了通过运动以及保持良好的心态之外，通过饮

食平衡来滋养心、肝、脾、肺、肾五脏，进而达到强身健体的效果，这点尤为重要。

食物养生的排序通常是这样的：首先要保护好肝，养好肝，脾胃才能正常运作；接下来要保持脾胃健康，因为脾胃健康，心肺才能好；心肺功能好，气血旺盛，肾气就会充足，而中医认为肾为元气之根、先天之本，肾气足能提供强大的免疫力。

而肝的营养主要依靠食物转化而成。比如蔬果中的西红柿、草莓、橙子都有去肝火、养肝的功效。中国人夏天都喜欢喝的绿豆汤，同样也可以养肝护肝。

健脾养胃的蔬果包括苹果、卷心菜、南瓜等。

"冰糖蒸梨"是中国家喻户晓的润肺治咳嗽的食疗法，而葱、姜、蒜等也可以养肺。

人们还通过食用燕麦粥及黑芝麻来养心。

至于肾脏，中医则有黑色食物养肾的说法。比如黑木耳、黑枣……

但食疗时要特别注意保持饮食均衡，饮食中酸、辛、苦、咸、甘这五味都要兼顾，不能过于偏向某一种口味。

《彭祖摄生养性论》中强调："五味不得偏耽，酸多伤脾，苦多伤肺，辛多伤肝，甘多伤肾，咸多伤心。"欧洲尤其是德国人喜欢吃甜食，通常喝咖啡时或餐后都会享用一道甜品。甜食对脾胃有一定的调养作用，但过多摄入就会伤害到肾。为了健康，少吃甜食是非常有道理的，因为肾虚生百病。

中华养生汤

赵芹章 / 摄

中国的食疗法，除了日常食材烹制的菜肴之外，还包括"药膳"。药膳是指将归入"药"的物质与食材搭配做成可口的菜肴。

中国明朝的李时珍（1518—1593 年），是中国历史上最著名的医学家、药学家之一。他在《本草纲目》中记载了三百多种日常食物的疗效，以及多种药膳处方。

目前在中国民间及大小餐馆比较普及的经典药膳数不胜数，如当归鸡汤、参鸡汤、淮山排骨汤、山药煲牛肉、蜜汁龟苓膏等。

中国各地大大小小的医院旁边分布着各种药膳馆，有主攻药膳粥的，也有专营药膳汤的，反观德国，就连医院内的餐厅也大多只供应黑面包、酸奶、香肠等德国家常食品，当然还有病人需要忌口的蛋糕。

笔者经常想，以医疗设备精良而闻名于世的德国，如果能认同和接受食疗法，并将之付诸实践，此举不但能提升民众的健康水平，还能节省可观的医疗费用。可以从中受益的医疗保险公司不妨试试，让食疗的理念也在德国深入人心。

美颜羹

赵芹章 / 摄

为什么中国人被称为"食米饭者"

在欧洲，意大利人私底下称呼德国人为"土豆"，德国人则回敬意大利人"通心粉"的绰号，这自然是基于两国人的饮食习惯。至于中国人，外界普遍认为："哦，吃米饭的。"

对于这个看法，首先中国的一些北方居民，尤其是西北地区居民就不会同意，他们绝大多数可都是吃面食长大的。

实际上，目前在中国，玉米、水稻和小麦是最主要的粮食品种。中国国家统计局关于 2017 年粮食产量的公告显示，2017 年全国玉米年产量为 2.1589 亿吨，水稻年产量为 2.0856 亿吨，小麦年产量为 1.2977 亿吨。因为玉米主要用作燃料乙醇生产等工业消费，作为主食，主要就是水稻产区的米饭和小麦产区的面食。

中国有句话："靠山吃山，靠水吃水。"

因为气候与地理环境的差异，每个地区都有自身适宜种植的农作物。中国南方气温高，雨水充沛，水稻可以一年两熟甚至三熟，所以，素有"鱼米之乡"之称。所谓"种稻食米"，中国南方诸省主食自然以米饭为主；中国北部尤其是西北地区因为气温较低，降雨量少，所以以种植小麦居多。小麦产区民众的主食主要是以小麦为原料的面条、饺子、馒头、大饼；也有一些地区如淮南，经常夏种水稻、冬种小麦，这些稻麦复种地区的居民，主食就会米饭与面食兼吃。

有意思的是，中国是世界第一大土豆（学名：马铃薯）生产国，年产量达九千多万吨，占世界土豆总产量的 1/4。但与德国人不同，许多中国人把土豆当作一种蔬菜对待，并以此发明了许多菜肴：醋熘土豆丝、土豆炖牛肉、土豆鸡蛋饼……好多次当笔者告诉中国朋友，德国人用餐喜欢吃土豆时，大家总会问："那德国人主食吃什么？"因为在中国人固有的概念中，土豆仅仅是一种美味的配菜。

欧洲人对中国人只吃米饭的误解大多缘于早期的国外中餐厅。最初远涉重洋在欧洲安营扎寨开设餐厅的中国人，基本都来自中国东部、南部沿海地区，尤以祖籍广东的为多。当时中国人喜欢聚集在一起居住，形成了一个个的欧洲"唐人街"。而早期唐人街的菜品也大多以粤菜为主，后来川菜、浙菜（以温州菜"瓯菜"为主打）、湘菜加入其中。这些菜系都是以米饭为主食的，久而久之，欧洲人就形成了中国是"吃米饭的国家"这一印象。

不过在中国，相较于小麦，稻米在普及程度、用途，甚至在文化层面的含义都要略胜一筹。

首先，稻米源自中国，而小麦产自西亚，是舶来品。

中国目前已发现多处新石器时代水稻遗存，如湖南道县玉蟾岩遗址发现了世界最早的古栽培稻，距今约 1.4 万—1.8 万年；江西万年仙人洞、吊桶环遗址的稻作植硅石分析报告也显示，早在一万多年前中国就开始了将野生稻驯化成人工栽培水稻的历

程。所以，中国人喜欢说"一样米养百样人"。虽说这句话指的是同源差异性，但米食文化对于中国人来说具有不寻常的意义。

中国人大概是这世界上最忠实于自己的胃的民族。比如德国人被戏称为"食土豆者"，而土豆是印第安人发现并开始人工种植的，16 世纪中期才被西班牙人引进到欧洲，现在却成了德国人餐桌上的主食。而中国人尤其是南部中国人，饮食文化传承万年不改初心，餐桌上仍然钟情于米饭。对于许多保守的南方人而言，如果就餐没有提供米饭，哪怕其他菜肴非常丰盛，他们仍会坚持认为自己没进餐。

笔者的一位好友，1989 年参加埃及开罗国际五金展，这是他第一次出国。按照团队要求，他需要准备并负责携带 40 斤大米。这让他一头雾水，以为出国参展还肩负支援非洲的重任。到了开罗后才明白，当地的主食为面包配烤牛肉，中国人对此极度不适应，常常牙疼上火，甚至无法正常如厕，而米饭则可以适时拯救参展团成员们。

在电饭煲发明之前，中国人吃的米饭被称为柴火饭，就是用柴火加热大铁锅来煮饭。现在人们普遍认为柴火饭更香，这或许多少带点对过去岁月的怀念。但电饭煲无疑让烹饪米饭成了异常简单的操作，也让更多欧美人士加入食米饭一族。

中国既然为稻米的起源地，米饭的烹饪方式自然也是花样繁多。比如：中国江南地区尤其是上海人钟情于"菜泡饭"。在艰难的岁月里，家里人将隔夜剩饭用开水冲泡后加点盐，就点酱菜，就能充饥。而今生活条件好了，人们开始使用考究的食材，如上海人至爱的大闸蟹、龙虾等，"菜泡饭"成为江南人心目中一道绕不过的乡愁菜。

广东一带则喜欢吃煲仔饭。用砂锅将米先煲至七八成熟时加入各种处理好的材料，继续用慢火焖熟。最常见的有豉汁排骨煲仔饭、牛肉煲仔饭、海鲜煲仔饭等。

将稻米加大量的水熬制成粥食用，这在中国更是已有数千年历史。人们普遍认为，食粥对于体质虚弱者尤其是病人，有很好的补养作用，如皮蛋瘦肉粥、生滚鱼片粥、鸡蛋粥等。

对于水稻最早的种植地湖南、江西两地民众而言，以大米为原料制作的米粉代表着家乡的味道。在汤粉上浇上各种配料，每天早晨来一碗，成了许多人日常生活的一种惯例。

在中国北方传统习俗中，则流行"上车饺子，下车面"的说法。亲朋好友远行出门时，大家要吃饺子为远行者饯行；他们回家时，大家吃面条来为其接风洗尘。可见，饺子、面条才是当地的主食。

中国收视率极高的中央电视台"春晚"，每次都会有"过年家家户户吃饺子"的宣传语，这多少让中国南方人有点不适应，感觉春晚硬生生地把北方习俗默认为全国习俗。西方称中国人为"食米饭者"则恰恰相反，把中国南方习俗当作了中国习俗。

中国有句谚语："百里不同风，千里不同俗。"所以，食在中国，不仅仅需要走遍大江南北，更要了解当地的风土人情，因为中国的历史大多藏在当地的饮食文化之中。

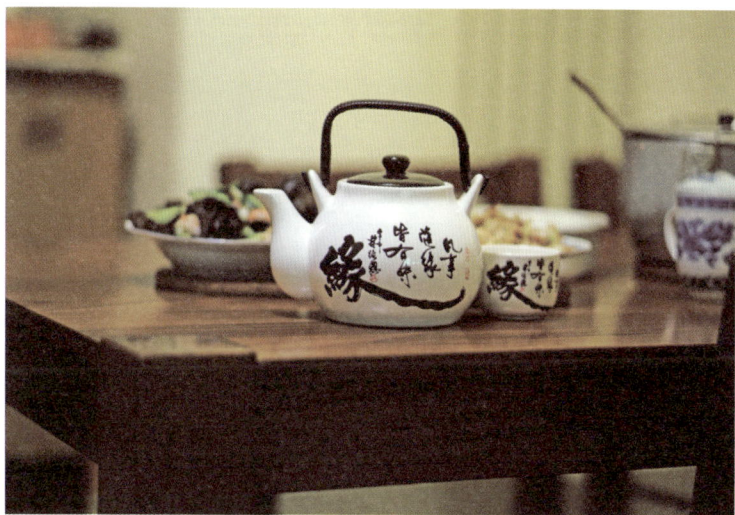

一茶一饭过一生

罗宏 / 摄

为什么中式甜点在国外默默无闻

　　笔者刚到德国时，曾有段时间被德国琳琅满目的甜点所吸引，许多甜品店会用鲜花和精致的糕点来装饰橱窗，空气中甜甜的味道夹着咖啡的芳香，让人忍不住停下脚步。德国人自豪地说，德国甜品出口四十多年来稳居世界第一，每年甜品出口高达370万吨。难怪德国人的肥胖率也名列世界前茅。

　　有了世界冠军的底气，德国人经常会问："中国也有甜品吗？"毕竟许多外国人没有到过中国，他们对中国饮食的全部概念来自他们住所附近的中餐馆。而国外中餐馆提供的餐后甜点寥寥无几，更少有令人回味无穷的品种。

　　笔者试着引经据典告诉他们，其实中式糕点花色品种繁多，各式各样超过2000种，比如苏式、京式、广式糕点都非常有名。但说千句道万句，毕竟眼见为实。德国"日本街"那些精致的甜点，使德国人也成了它们的拥趸，可是中国甜点在哪儿呢？

　　许多中国人都留有一份"绕绕糖"的童年回忆，那些走街串巷的手艺人，他们的叫卖声对中国的孩子们来说，就是甜的呼唤。除此之外，还有棉花糖、糖不甩、红糖糍粑……

　　至于中国古代的宫廷贵族，甜点就更考究了。比如中国名

著《红楼梦》里就记载了许多经典的点心：桂花糖蒸新栗粉糕、枣泥山药糕、如意糕、藕粉桂糖糕等。

这些手艺难道今天失传了？

是，但也不是！

上海沈大成点心店的青团、条头糕、双酿团，其外卖窗口经常会早早宣布售罄。而笔者每次回国，若有可能，必定与家人一起前往杭州知味观大快朵颐，那里的金牌龙井茶酥、西湖雪媚娘、六月荷花酥、芒果班戟，道道甜点色香味俱佳，口感轻盈，吃完唇齿留香，回味无穷。

有一回，在笔者的强烈推荐下，笔者的法国女友茉莉一家慕名前往，茉莉可是吃着法国慕斯蛋糕、马卡龙小圆饼长大的，结果，她上传了好些美食照片，还附上一句："超级棒！"

当茉莉听说法国蓝带厨艺学校在中国受到追捧，目前在上海浦东新区还成立了分校时，她惊讶地问笔者："中国的点心，甜而不腻，清爽可口，为什么大家反而对西点更感兴趣？"

说实话，这个问题让笔者思索了很久，那些超精致的中式甜点被谁遗忘了？中国那些温柔的下午茶时光，盛放在精美点心碟里的，都是洋气的西点；婚宴现场、生日聚会，切蛋糕都是最吸引眼球的环节，而那些诱人的蛋糕仍然是国外引进的西点。

中式甜点的瓶颈或许在于，点心师的匮乏与后继无人。

作为美食王国的中国，菜肴之多举不胜举，厨师自然也不可胜计，勤快点的，跟着师傅学两年，自己就可以另立门户开个小餐厅，毕竟中国人都信奉"民以食为天"。

但点心师不一样，中国的甜品，要么是平民白姓热衷的糖不甩、红糖糍粑……这些自然难以登上婚庆等大舞台，人们也无法仅凭这些维持生计；而正宗传统中式甜品则制作工序烦琐，为了味正及饮食健康，许多甜品的上色都采用原始的食材，而不是人工色素。这样一来，蒸熟食材、调馅、烘焙，耗时 2—3 小时是很寻常的事，整个过程点心师都得亲力亲为。因此，要成为一名优秀点心师，整个学徒生涯，至少也得三五年。

而在食材方面，中式甜品常有"不时不食"的时令要求。比如甜品中常用到的玫瑰，需要在每年 4—5 月份采摘新鲜食用玫瑰花瓣；食用桂花糕的最好时节则是每年的秋季。这种适应季节变化的需求，无疑更增添了甜品制作的难度。

由此可见，在付出与产出比方面，明显点心师不占优势。这就使得点心大师人才难觅。中国本土尚且是这种境况，海外中餐馆更可想而知。

虽说如此，那些对甜品制作充满激情，立志成为一名优秀点心师的人，其事业前途倒是一片光明。

现今人们普遍承认甜品是属于治愈系的。当情绪低落时，香醇滑口的甜品唤醒的不单是人的味蕾，更是心中隐藏的对生活的渴望和热情。当今社会，人人都感到巨大的生存压力，甜品就更成为抗压的"疗愈食物"。尤其是中式经典甜品，其不但能使人精神放松，让人感到快乐，更有西式甜点不具备的食疗功效。

比如紫薯山药糕，不但外观精致，还能促进胃肠蠕动，增强人体免疫力；而入口芳香四溢的杏仁豆腐同样有润肺清肠的功效。

中国民间饮食在相当长时间内，都过度追求味觉而忽视视觉和观感。甜品亦如此。比如著名的"京八件"原本是清朝宫廷典礼中的节日食品，但现在常常出现论斤甩卖的销售模式。哪怕是礼品盒包装的，设计方面亦乏善可陈。而这些无疑都给点心师留下了无限拓展的空间。一件近乎完美的东西很难让人再有施展才华的余地，但"白璧微瑕"却往往能激发人们雕琢的热情。

借用电影《浓情巧克力》的经典对白："你不能拒绝甜品，就像你不能拒绝爱情。"爱情绽放的季节，就是中式甜品的春天。

中国甜点

罗宏/摄

为什么中国人喜欢使用筷子

虽然各国各民族的饮食文化多姿多彩，但人们进食方法无外乎 3 种：用手指、用叉子、用筷子。

用手抓食，大家都会，而使用刀叉和筷子进食，则是古代中国人首创的。

有些人认为，原始社会里，人们烧烤食物时，用森林里的树枝去拨动烤食，受此启发，发明了筷子。但中国的出土文物似乎否定了这一说法，古人显然是先发明了刀叉。

中国浙江河姆渡遗址属新石器时代文化遗址（前 5000—前 3000 年），出土各类文物 6197 件。其中有用动物的肋骨制成的骨匕 99 件。骨匕呈扁条形，长度大约 20—30 厘米，前端有浅凹槽，有些还带有柄部，据推测应该为进食的餐具，主要用来取饭食或捞取羹食。另外，安徽出土的距今 4500 年的玉匕，也是与盛食物的陶鼎放在一起。而距今 3500 多年的郑州商代遗址不仅发现骨匕，还有扁平形的骨叉。随着各地商代遗址的发掘，人们发现中国古代人当时已开始使用刀、叉、勺作为配套的饮食餐具。这与现代西餐的搭配可以说几乎是一样的。

这些出土文物中，并没有筷子的踪影。

至于西方国家使用刀叉餐具则要迟几千年，而且与中国还有渊源。

中国的唐朝（618—907 年）是当时世界上经济文化最发达强盛的国家。当时东西方交往非常密切，中国的饮食文化及餐具的使用得以传播到欧洲，但餐具遭到当时欧洲教会的抵制。教会认为食物为上帝的恩赐，人们若通过餐具间接地触碰食物，这是对上帝的不敬。鉴于此，欧洲人只好依旧采取用手抓食的进餐方式。直到 11 世纪，饮食以面食为主的意大利才开始广泛使用叉子。15 世纪，刀叉的使用才在欧洲开始普及。

中国人使用筷子，似乎要晚于刀叉餐具。最早的筷子出土文物为安阳殷墟（前 14 世纪末—前 11 世纪中叶）发现的 6 个铜制筷子头。古代文献记载似乎也证实了这一点，如"纣为象箸"。古代称筷子为"箸"，而纣为距今 3000 多年前中国商朝末代君王。可见，到了商朝晚期，中国已开始拥有精致的象牙筷子。但当时筷子主要是王公贵族使用，民间进餐仍然以刀叉为主。个中原因，一来这些贵族们都拥有许多家厨，每次进餐时，厨师们已将食物准备得非常精细，用餐时已不需要自己再使用刀叉来进行食物切割等；二来可能一些贵重材质如象牙等，较容易被打磨制作成筷子，这样的话，当作餐具使用时还可以把玩欣赏。

上行下效，到了战国时代（前 475—前 221 年）之后，中国人餐桌上的刀叉餐具逐渐被筷子取代。只不过，民间通常使用竹子或木头制作筷子，而王公贵族则使用象牙、铜、银等高级材质。

这也说明，历史进展到战国年代，中国人在烹饪美食时，已开始普遍追求食品的精致化。出生于春秋战国时期的中国儒家思想创立者孔子曾说："食不厌精，脍不厌细。"大意是粮食越精致越好，肉类切得越细越好。

使用筷子当然与食物来源也有关系。中国是世界上较早进入原始农耕社会的国家，而且很早就形成了自己独特的饮食文化风格。中华美食中包含种类繁多、形状各异的蔬菜。夹食蔬菜，筷子显然比刀叉更实用。

《礼记·曲礼》中就有记载："羹之有菜者用梜，无菜者不用梜。"这里的梜指筷子，专门用来捞取羹中的菜。

刀叉餐具被弃用，还有文化方面的因素。

中国战国时期还出了另一位著名的思想家和教育家孟子。孟子被后人尊为"亚圣"，历史地位仅次于孔子。孟子有一次劝诫齐宣王实行仁政时说"君子远庖厨"，意思是君子要远离厨房。因为他认为发生在厨房里的这种对鸡鸭等生命的杀戮，会降低人们的恻隐之心。

由此及彼，用刀在餐盘上切割肉类等，难免也会让人联想到杀戮，同样属于君子要回避的行为。由此，刀叉这类破坏和谐气氛的餐具渐渐地就从中国人的餐桌上消失了。

注意观察的人们不难发现：中餐中的肉类，通常都是切得很细而且熟透了的，少有像德国这样以大块猪排、牛排形状呈现的。同样，中国人享用西餐牛排时，不少人喜欢点全熟的。若牛排切开后呈粉色，通常会被要求重新回炉煎熟，这还一度引发西方人的热议。其实，各国饮食习惯的不同，往往缘于各自的文化差异。

西方人士常常对如何灵活自如地使用筷子感到一筹莫展。其实这不过是熟能生巧的训练。在中国人看来，筷子代表手指的伸展，凡是手指能做到的，筷子也都能办到。

不过，如何使用筷子，还有许多礼仪上的讲究。比如不能"别筷"，也就是说不能拿筷子当刀使用，来切开肉类；也不能"刺筷"，把筷子当叉子用；更忌讳把筷子插在饭菜上，那被视为一种诅咒，会引起大家的不悦……

习惯于使用刀叉餐具的欧洲，尤其是德国似乎仍然保留着游牧民族的饮食方式，大块吃肉、大口喝酒……筷子显然在这片土地上毫无用武之地。但较高的肠癌发病率对德国人应该是个警醒，饮食习惯及饮食方式的调整和改变迫在眉睫。感兴趣的人不妨试试使用筷子。因为人们研究发现，使用筷子会让进餐速度相对缓慢，这使得食物能被更好地消化和吸收，从而减轻肠胃负担；还能避免过量饮食，对肠胃健康及预防肥胖都有很大的帮助。

一双普通筷子蕴含的养生妙招以及哲理智慧还有很多，中国人一代接一代延续着这一进食方式，并在浑然不觉中受益于此。

用筷子吃米粉

罗宏 / 摄

为什么中国人喜欢喝茶

　　生活在"民以食为天"的中国，人们除了可以尽情享用美食佳肴之外，还有一项重要的休闲社交活动：喝茶。

　　酒香茶热，历来是中国人心目中一幅惬意的生活照。只不过，虽说"酒逢知己千杯少"，喝酒能让人心情亢奋，但喝多了难免伤身；吸天地之精华而成的茶，不但能提神还有保健功效。所以，人们经常三五好友相约，坐在茶庄的一隅，抿一口茶，亦苦亦甜色味交织，那些人生沉浮、岁月蹉跎，都在谈笑声中释然。

　　茶，对于中国人来说，不光是一种饮品，更代表着中国人的一种精神需求，一种雅趣。

　　"茶"字，从其笔画结构来看，就是：人在草木之间。据说中国某茶庄有句上联："草木间品人情味"，至今仍在重金悬赏征求与之匹配的下联。

　　茶是怎么起源的，至今众说纷纭。

　　成书于秦汉时期，中国最早的药学著作《神农本草经》中记载："神农尝百草，日遇七十二毒，得茶而解之。"

　　可见，几千年前，中国就已经发现了茶的食用、药用价值。

而将茶叶当作饮品，有据可查的历史始于西汉年间（前202—公元8年），史书记载，当时居住在四川盆地及其附近地区的巴蜀人就有了饮茶的习俗，并将茶叶当作贡品，进献给朝廷。

到了魏晋南北朝时期（220—589年），中国茶文化开始初现雏形。那时候的文人终日高谈阔论，为防止酒醉胡语，茶代替酒成了主要的助兴之物。中国文化传统中素有"万般皆下品，唯有读书高"的观念，所以，文人雅士的任何一项爱好，都会引发民间的竞相追逐。自此之后，饮茶之风开始渐浓。

接下来的唐宋两朝，更开启了茶文化的黄金时代。

中国唐代陆羽（733—804年）潜心于茶的研究，于公元780年完成著作《茶经》，这是世界上第一部最完整、最全面介绍茶的专著。陆羽也因此被后人尊为"茶圣"。《茶经》一经问世，就令茶事大盛，中国从皇帝、王公贵族到农夫工匠，都开始把茶当作家常饮料，而中国许多城市也开始出现茶水铺。

到了宋代（960—1279年），人们开始将"柴米油盐酱醋茶"当作"开门七件事"。各种茶肆，成了士大夫文人邀友相聚的场所。与此同时，中国茶文化通过游学中国的日本僧侣带回日本，后由日本千利休创造出日本的茶道，成为闻名世界的日本传统标志，若追根溯源，日本茶道借鉴并保留了中国宋代禅院的抹茶道饮用方式。这些从两国出土文物中那些大量的茶具可见一斑。

尤其值得一提的是宋朝第八位皇帝宋徽宗赵佶（1082—1135年）。按现代语言来说，宋徽宗是选错了专业入错了行，他在治理国家方面昏庸无能，却在书画方面造诣极高，颇有艺术天赋的宋徽宗还是茶学专家，撰写了《大观茶论》这本著作。书中阐述说："至若茶之为物，擅瓯闽之秀气，钟山川之灵禀。祛襟涤滞，致清导和，则非庸人孺子可得而知矣。中澹闲洁，韵高致静，则非遑遽之时可得而好尚矣。"翻译成现代白话文就是：茶叶，具有浙南及福建的自然秀气，饱含山川的灵性。它祛除体内的污垢，澄心清神，使人举止和顺恭敬，这些凡夫俗子是难以理解的。茶性本洁，高雅清静，惶恐惊慌的时候是体会不到的。

皇帝亲自出马为茶叶代言，这种"广告效应"在皇权崇拜思想根深蒂固的中国不言而喻。也因此，大家普遍认为中国茶文化"兴于唐，盛于宋"。

不仅如此，中国还探索出一套考究的饮茶模式。从采摘、制作、鉴别、选择烹制茶的器具、用火、选水、烤炙茶饼、碾出茶末，再到烹煮者的心境和手法，每一个细节都有具体详尽的规范。

比如茶叶采摘季节为每年的三、四、五月份，最好选择在清晨，踏着露水进行采摘。在中国，"明前茶"尤受大众喜爱，俗称"明前茶，贵如金"。每年清明节（公历 4 月 5 日前后）前采摘的茶叶，因芽叶细嫩，味醇形美，且符合采摘标准的数量有限，被称为"明前茶"，是茶中佳品。

不仅采摘时节有讲究，茶树生长环境也非常重要。古书中记载："茶地南向为佳，向阴者遂劣。"也就是说，生长在向阳山

坡而且有树木遮阴的茶树，其所产茶叶品质出众。但背阴山谷里的茶树，因为少有阳光普照，茶叶寒性太重，品质就很低劣。

茶又根据制作加工的不同，而分为绿茶、红茶、黑茶、青茶（乌龙茶）、白茶、黄茶、花茶（这是现代中国人对茶叶的分类法，古代主要以产茶区来分类）。

至于茶具，中国自古对此也颇有研究，当时越州（今绍兴）产的越窑青瓷最受青睐。

而煮茶的用水，《茶经》认为：山水为最佳，其次为江水，最次为井水。此山水专指钟乳滴下的泉水以及山崖中流出的泉水。

茶作为饮品，如此备受中国古代上自王公贵族下至平头百姓的推崇和喜爱，自然与其所具备的功效密切相关。

古代《神农食经》记载："茶茗久服，令人有力，悦志。"当时人们就相信，长期喝茶可以使人消除疲劳，令身体强壮有力、精神愉快。

除此之外，喝茶还有调和机理、防御疾病的治疗功效。比如红茶、姜茶可以促进身体排出湿气，祛湿养胃健脾。

绿茶能去腻、防止体内脂肪积滞；还可以软化血管，降低过高的血脂，起到消滞降压的作用。

各种茶叶都富含茶多酚成分，同时中国的绿茶与乌龙茶含氟量也非常高，氟和茶多酚都可以有效地防止龋齿。

······

茶的多种功效自然无法一一列举。值得注意的是：喝茶能养生，但不懂正确的喝法也会伤身。因为人的体质有寒、热的区别，而茶叶因为制作工艺的不同，也有凉性和温性之分，比如红茶是温性的，工作疲劳、体虚者饮用后会觉得比较舒服；绿茶是凉性的，吃了油腻辛辣食物后，喝点绿茶可以败火，但肠胃功能较弱者应该少喝或不喝。

每个人根据自己的体质，有所舍取，这点非常关键。

茶叶作为中国的特产，在古代，各个产茶地区每年都会将最好的茶叶作为贡品献给皇帝，这种茶也被称为"贡茶"。除此之外，自唐朝开始，中国开始了"茶马互市"，即用中国茶叶换取外番的名马。当时的茶马古道可以媲美"丝绸之路"，如今人们依然可以在中国四川省、云南省、贵州省找寻到茶马古道的遗址。

明代郑和在 1405—1433 年率领两万多名船员浩浩荡荡完成七次大规模远洋航海时，也将中国国宝之一的茶叶作为礼品，赠送给其航海所到达的沿海三十多个国家。

中国人就这样喝着茶，过着与世无争的日子。恐怕谁也不曾料到，中国人的家常饮品茶叶会间接地引发了一场战争，从此中国开始了割地赔款的百年屈辱史。

这段历史还得从英国国王查理二世说起。查理二世即位后，在 1662 年迎娶了葡萄牙的凯萨琳公主为皇后。这位皇后酷爱喝中国茶，饮茶风尚在英国的兴起与中国古代茶事兴盛的原因如出

一辙，都是由皇室引领而得到全民追捧，渐变成一种饮食习惯。

英国凯萨琳皇后开创了英国宫廷和贵族们的饮茶风尚，喝下午茶成了英国上层阶级的习俗，英国也逐渐成为酷爱饮茶的国家。英国成了中国本土之外当时世界上最大的茶叶消费国。由于当年中国在茶叶出口市场居于独家垄断地位，昂贵的茶叶进口让英国产生了大量的贸易逆差，为扭转这一局面，负责进口茶叶的英国东印度公司在 1757 年开始对中国走私和贩售鸦片。尽管清政府从 1796 年就下令严禁鸦片，但每年仍有近千吨鸦片源源不断走私到中国，从而引发了中英之间的鸦片战争（1840—1842年），中国战败而不得不割地赔款。

中国古代《诗经》记载"投我以木瓜，报之以琼琚"，也就是说，你赠我果子，我用美玉回报你。这代表了礼尚往来的传统中华礼仪。但几千年之后，英国人喝着产自中国的茶，祛病强身；却还之以鸦片，致使中国民众的身心健康受到严重损害。

同时，为了永绝后患，英国人将当时中国最好的红茶品种福建武夷山的正山小种红茶，移植到其殖民地印度、斯里兰卡。随后 1903 年，英国人凯纳（Caine）又将茶树引进至东非肯尼亚。现在欧美人只知道斯里兰卡的锡兰红茶（Ceylon tea）和印度的阿萨姆红茶、大吉岭红茶，已少有人知道，这些茶种和技术原本都来自中国。

印度、斯里兰卡和肯尼亚茶园大规模发展的同时，中国经历了长期的闭关自守和战争，曾经"一枝独秀"的中国茶叶在海外市场渐渐没落。近年来，随着中国加快开放步伐，茶叶才逐渐返回海外市场。中国国家统计局数据显示，2017 年中国茶叶产量为 255 万吨，居世界第一；出口总量为 35.5 万吨，落后于肯尼亚，位居世界第二，斯里兰卡和印度的茶叶出口分别名列世界第三和第四。

中国人常说，喝的是茶，品的是人生。所以，中国人在茶社或案中饮茶，较少采用欧美流行的茶包，而更喜欢欣赏茶叶经冲泡之后，在茶杯中一瓣一瓣舒展绽放的形态，然后端起茶杯，先闻香，再慢慢品饮。真正的好茶入口，会唇齿留香，令人回味无穷。

又因为茶自古被赋予的高雅品性，所以至今，茶叶都被中国人当作最好的礼物来馈赠亲朋好友，借以表达一份浓淡由心的禅意。

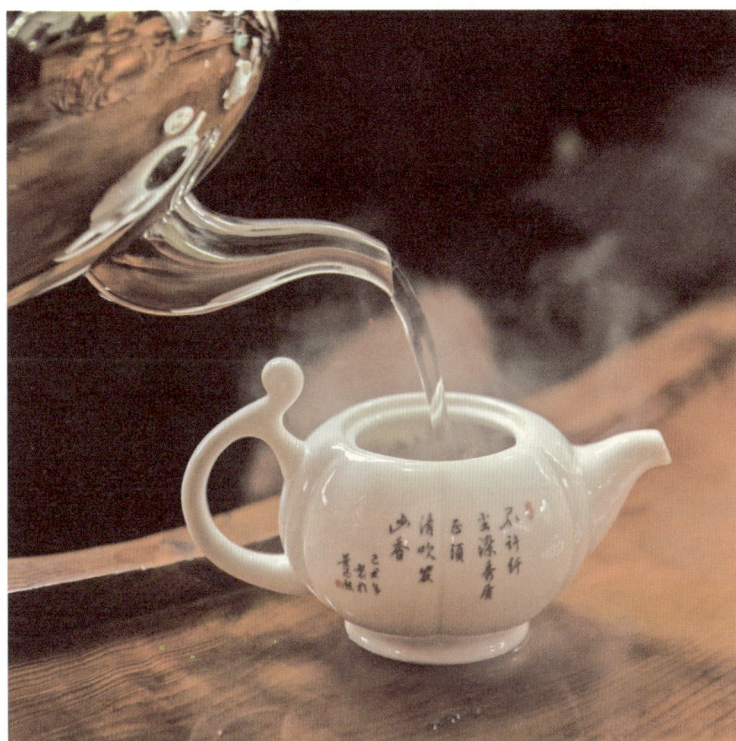

茶

赵芹章/摄

为什么中国人不喜欢喝凉水

　　"中国人不喜欢喝凉水"，这一说法大概源于 20 世纪 80 年代初。那时候中国刚刚改革开放，许多外国人怀着好奇心前来中国，结果发现，中国的餐厅里居然不提供凉水。每当他们找服务员要水时，服务员要么递上杯热茶，要么递上杯滚烫的开水。之后，在中国喝不到凉水的故事就传播至各地。

　　而让中国游客添堵的则恰好相反，国外许多餐厅没有开水供应。哪怕再三强调，端上来的还是一杯热茶。餐厅服务员不明白，若不饮茶，要热水干嘛？经过再三解释，人家终于给你一杯没放茶包的热水，但结账时还得照样按茶水收费。

　　于是，一冷一热，引发了人们对这一现象的讨论。大家的观点也是五花八门，从体质差异上升到文化讨论；由水质问题延伸到文明进程的争辩。这种泛泛而谈当然掀不起巨浪，喜欢喝凉水的依旧贪凉，喜欢热饮的仍然捧着保温杯。不过也有了一些变化，中国的各个餐厅开始供应冰水，国外的酒店也开始在房间配置电水壶。

　　看来，人们的热议引起了商家的注意，毕竟提供优质服务是商业竞争的必要手段。

其实，从历史上看，中国人原本也是喝凉水的。

比如将清澈泉水用作饮用水。据说山东济南有七十二名泉，个个味甘水甜。对此，明代著名诗人晏璧在《七十二泉诗》中赞道："泉如湛露味甘香，入如三焦齿颊凉。"可见，甘甜还带着丝丝凉意的泉水，深受民众的喜爱。

山里人家可以得天独厚饮用山间泉水，更多的中国老百姓则选择饮用凉爽的井水。中国北宋著名的文学家、政治家苏轼留下的三千多首诗词中，有大量关于泉水、井水的描述，比如《与王郎夜饮井水》。至今，中国人仍然喜欢将离开家乡称作"背井离乡"。

虽说如此，但中医自古强调"养生就是养阳气"。阳气被认为是生命的能量之源，而冰冷饮食容易让人体内积存寒气，从而导致阳气受损。

东汉末年著名医学家，被后人尊称为医圣的张仲景在公元 3 世纪初写了本传世巨著《伤寒杂病论》，此书是中国医生必读的经典著作。书中特别强调寒气伤身，是万病之根。

一些中国人看到欧美许多女士冬天也着裙装搭配薄丝袜时，连连摇头，并叮嘱自己的女儿：你可别学人家，要风度不要温度。

很多时候，大家也说不出许多道理，但祖训就是这样被中国人一代传一代：寒邪入体百病生。

这里的寒，分为内寒和外寒。外寒就包括寒冷天气、冷饮等导致的体寒。

所以中国人平常除了着装注意保暖，热饮热食也历来受到重视。只不过在中国古代热茶热汤基本上属于上层宫廷贵族的专利。中国广大底层民众，整天得为生活劳累奔波，挥汗田野，很多时候只能就近喝点泉水、井水。

遇到水质不好的，中国古代人民已懂得采用许多净水的方法，这在许多古代书籍中都有提及。比如将榆树的树皮树叶磨碎放入水桶中，沉淀水中的悬浮物杂质。

历史进入近代。20 世纪 30 年代，中国开展了一场"新生活运动"，政府倡议全民饮用热水，对饮食方面提出"生冷宜戒"。上海当时专卖熟水的"老虎灶"生意开始红火起来，有诗歌描绘了当时的热闹场景："沪火炎炎暮复朝，锅储百沸待分销；一钱一勺烹茶水，免得人家灶下烧。"

新中国成立后，各个机关大院、工厂、校园等地的开水房成为几代中国人的共同记忆。那些 60 后、70 后、80 后的大学生们，至今还清楚地记得，当年一大早就拎着宿舍好几个热水瓶，冲到校园开水房前排队的情形。而当时中国的客运列车，每到一个站台，还会有车站工作人员提着开水壶为车上旅客提供热水。

能维持水温的保温瓶、保温杯成了那年代中国年轻人结婚时令人羡慕的嫁妆及彩礼。那时候中国流行的年终奖品也大都是大小不一的保温杯。

中国人的保温杯情结延续至今。友人 W 夫妇，每年来德国

参展，行李箱里都要塞两个保温杯。每天早餐拿出来，抓一把中国带来的茶叶放进去，再加入开水，然后心满意足地带去展馆。笔者笑他们把这当成了一种仪式，他们点点头：不然的话，整天都觉得少了点什么。

我们应该承认，在饮用水净化技术落后的年代，将水煮沸再饮的做法，让中国人避免了许多消化系统的传染病。当然，中国人饮用的并非开水，而是将沸水稍微放凉至与自己体温差不多时再饮用，也就是大家说的温开水。

在中国人眼里，温开水不但养生还可以治病：

友人的儿子来德国留学，有次患感冒，德国医生让他用冰块敷头部降温。他犹豫了很久，决定还是采用家乡的老方法，连喝几大杯温开水后盖好被子睡一觉。醒来后出了一身汗，感冒症状缓解不少。

中国人早晨起来的第一杯水通常也是温开水，很多人就连刷牙也用 35 摄氏度的温水。牙龈容易出血的人不妨试试这个办法。

对此，也有人提出中国人尤其是广东一带居民有喝凉茶的习惯。凉茶有温服也有冷服的，不是也可以保健养生吗？

凉茶是加了中药材的饮品，它的主要功效是消解内热。但凉茶虽能解暑，但受众群体仍有很多限制。不但体质虚寒者不宜喝，身强体壮者也只能分季节，有节制地饮用。

德国人喜欢喝凉水，这主要与其先进的直饮水系统有关。记得孩子刚上小学时，有一天回家告诉笔者，体育课后小朋友们带去学校的水都喝光了，老师就让大家拿水壶去教室旁边的厕所水龙头接水喝。笔者一听还真有点担忧，不过观察两天，孩子也没有肠胃不舒服。

虽说德国人喜欢喝凉水，很奇怪，德国人又很喜欢泡温泉。德语中 Bad（Baden）代表洗澡、浴场的意思。德国地名中凡带有词缀 Bad 或 Baden 的，都代表这个地方拥有或者曾经拥有温泉。若查看德国地图，人们会发现这样的大大小小的城市和村镇竟有 200 多个，其中不少都是度假旅游胜地。比如 Baden-Baden（巴登巴登）、Wiesbaden（威斯巴登）。

19 世纪，德国巴伐利亚更是出了一位有名的人物，他就是被誉为欧洲水疗之父的塞巴斯蒂安·克奈普（Sebastian Kneipp，1821—1897 年）神父。他认为："对于健康的人来说，水是让人获得健康和力量的重要元素，因此，它也是最天然、最简单的治疗物质。"他所倡导的通过水疗而达到自然疗愈的理念，至今仍在被德国医生研究和实践。其中就包括通过冷热交替泡浴，来加快人体新陈代谢，增强机体自我修复能力。

让笔者略感不解的是，德国作为西医的鼻祖，德国人似乎更注重和擅长由外及内的身体保养和治疗——比如通过各种先进医疗设备实施医疗手术——但往往忽略人体内部气血的保养和内心的调整，这不能不说是一种遗憾。令人期待的是，随着越来越多的西方人爱上饮茶，温开水至少以茶的形式，走进更多人的生活，关爱着大家的健康。

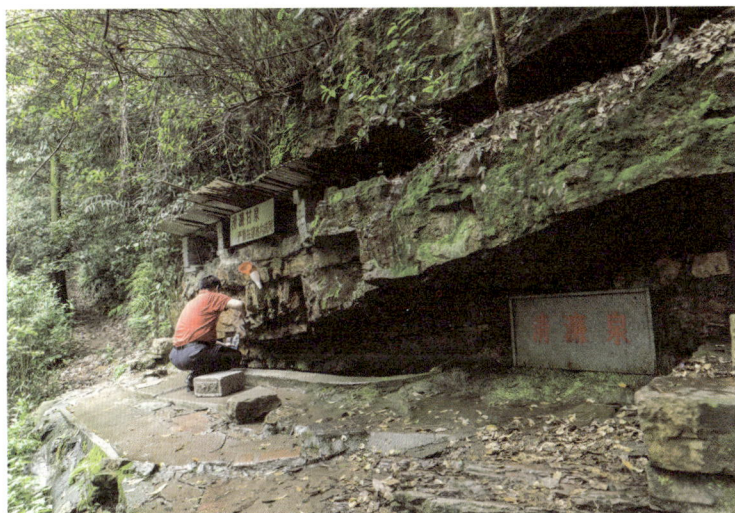

饮 泉

赵芹章 / 摄

为什么中国人喜欢嗑瓜子

2018 年夏天，笔者的德国邻居曼格尔全家去了趟中国，回到德国，他们似乎还沉浸在中国之行带来的震撼中，连说大开眼界。曼格尔太太把拍摄的照片翻给笔者看，上千张照片，带着浓浓的生活气息。然后，曼格尔太太指着一张照片问笔者："这张是在一家饭店门口拍的，坐在那里等候的顾客全都在嗑瓜子。中国人是不是特别喜欢嗑瓜子？"

笔者问她是否尝试过，曼格尔太太笑了："试了试，但太难了。我们的导游还特意演示给我们看，这得有技巧才行。"

笔者本想问曼格尔太太，究竟是难以掌握技巧，还是她压根就没想学？因为德国人的餐桌礼仪规定：吃进嘴里的东西不能再吐出来。嗑瓜子不同于开心果，后者用手一剥就开了，而瓜子需在嘴里进进出出的，是否德国人心里有点儿犯嘀咕？

中国人的确喜欢嗑瓜子。大家一定还记得餐车列车员的吆喝声："来，让一让，让一让，啤酒饮料矿泉水，花生瓜子八宝粥。"有一次我们全家坐高铁从长沙到上海，坐在旁边的那位女士从列车一启动就开始了嗑瓜子的行动，而我们前排的一位旅客似乎也不甘示弱，两个人像比赛似的，嗑瓜子的声音此起彼伏，就像二重奏。看到先生难受的表情，笔者把自己的耳机塞给了他。后来，先生满眼钦佩地问："你怎么还能专心看书，好像一点都不受影响。"笔者告诉他，我们从小听着这声音长大，大概有一种亲切感，也就没太在意噪音干扰了。

坚果类零食可以说是一种全球通行并受到大家欢迎的休闲食品。瓜子、花生、核桃、开心果、榛子、松子、腰果等，都是人们闲聊时桌子上的零食，只不过瓜子似乎在中国特别受欢迎，其原因大概不外乎以下几方面。

首先，价廉味美。一斤 500 克的袋装葵花子，价格基本上为 8 元人民币，也就是 1 欧元左右。而 500 克进口开心果的价格为 80 元人民币，合 10 欧元左右。价格相差整整十倍。

原本都是为了打发无聊的时间，也没谁想拿它们当正餐充饥，那么瓜子无疑是坚果中"性价比"最有优势的。一群人围坐一起唠嗑一下午，花费不过十几元人民币，手嘴都没闲着，精神上也因为交换八卦消息而处于亢奋状态，而且边聊边嗑瓜子，就让大家的聊天多了一层思考和消化的屏障。遇到不感兴趣的话题，还可一门心思嗑瓜子掩饰自己的不耐烦。所以，瓜子在中国人的社交活动中扮演了重要的角色。

花生虽然价格也很便宜，但吃多了会感到腹胀，而且花生的高热量和高脂肪含量，使其注定难以成为长时间唠嗑的"辅具"。

还有不少人，一个人独处时，也喜欢手嘴并用嗑瓜子，若有人问他们，得到的回答很干脆："没事干，吃着好玩，却越吃越上瘾，停不下来了。"由此可见，嗑瓜子是一种令人欲罢不能，容易上瘾的行为。

玩过游戏的人就知道，游戏设计者都深谙玩家心理，知道游戏中的每一个操作都需得到即时反馈，否则就会产生"延迟折扣"效应。嗑瓜子虽然是一种不断重复的动作，但一嗑一吐，就能尝到美味，这种即时反馈的快感，往往带给人一种满足感和精神上的愉悦。

在中国和欧洲都能买到剥了壳的瓜子仁，却没能受到中国人的热捧。因为相较于瓜子仁，大家更加追求和享受这个"嗑"的过程。

"嗑瓜子"对于女性而言，还是帮助变相减肥的佳品。全世界的女人似乎都喜欢吃零食，无聊的时候坐在家中看电视，总希望犒赏自己的味蕾。可控制得不好，很容易让自己体重飙升。虽说葵花子所含热量也很高，吃多了也会令人体重增加。但"两害相权取其轻"，相较于巧克力等甜食，适量的瓜子既安抚了情绪，也帮忙抵制了其他零食的诱惑。更何况吃瓜子还有不少好处。

中国的瓜子分为西瓜子、南瓜子、葵花子。西瓜子能利肺润肠降血压，南瓜子解毒助消化，葵花子可以预防贫血，安定情绪。当然按照各类文献记载，瓜子的功效和作用还有许多。

西瓜、南瓜、向日葵的原产地都不在中国。西瓜最初由古

埃及人栽培，而南瓜、向日葵的原产地都是美洲，哥伦布发现新大陆后，才被引进到欧洲，再传入其他国家和地区。

最先在中国流行的是西瓜子，至于中国人究竟从什么时候开始引进西瓜并进行培植，似乎仍没定论。大多数人认为是唐朝开始，因为一些唐诗中曾出现过对西瓜的描述。到了晚清及民国时期，南瓜子、葵花子也开始逐渐占领中国市场，与西瓜子形成三足鼎立的局面。目前在中国，葵花子因其特有的香、脆而一枝独秀，成为休闲零食的首选。

值得一提的是，据中国史书记载，明朝的皇帝都喜欢嗑瓜子，如《酌中志》中描写的明神宗朱翊钧——"先帝爱鲜莲子汤，又好用鲜西瓜种微加盐焙用之"。这瓜子"一登龙门，身价百倍"，自然更加受到平民百姓的青睐。直到今天，凡是与"御膳房"挂得上钩的食品或佳肴，在中国都无一例外受到大众的追捧。

不过，嗑瓜子并非中国人的专利。埃及人、土耳其人、西班牙人，他们嗑瓜子的水平丝毫不逊于中国人。喜欢看西甲联赛的观众不难发现，边看球边嗑瓜子也是西班牙球场的一道风景线。而到土耳其旅游的中国游客，看到地上散落的瓜子壳，再逛逛卖坚果的街摊，难免会心一笑。

在拥有庞大土耳其移民群的德国，公共场合很少见到嗑瓜子的土耳其人，当然也没见到嗑瓜子的中国人或西班牙人，大概因为德国人历来将葵花子当作鸟食，大庭广众之下，捧一把"鸟食"吃得津津有味，当事人估计也会觉得有些难为情，只能拿回家去大快朵颐了。

　　另外，剥了壳的南瓜子仁，在德国主要用来预防和抑制男性前列腺增生，改善尿频、尿急症状。所以，有时候大家会拿这来打趣开玩笑：你是否要开始吃"GRANU FINK"了？"GRANU FINK"就是以南瓜子仁为原料的一种保健品。

　　或许大家又要暗自窃喜了，没想到自己平常爱吃的廉价休闲小食，还藏着这么多保健功效。

瓜 子

赵芹章 / 摄

为什么中国餐桌礼仪有那么多讲究

　　《礼记》是中国儒学经典之一，书中描写了许多古代的规章制度，当然也涉及餐桌礼仪方面。《礼记·礼运》篇记载："夫礼之初，始诸饮食。"文中指出中国的礼仪开始于饮食。想想这也是必然，中华民族对饮食如此重视和热爱，当然会制定出相配套的礼仪制度。

　　中国古代宴请客人的礼仪非常烦琐讲究。比如对食物摆上餐桌的先后次序，各类肉制品、羹汤、米饭如何摆放等等都有明确规定。古代社会等级森严，君臣之间、主客之间因为有尊卑之分，就餐位置的安排也极为讲究。

　　现代中国人用餐、宴请，已经将仪式简化很多。甚至或许是因为物极必反，有些时候，人们不但放弃了古代礼仪，甚至滋生出许多陋习令人侧目。

　　其实，觥筹交错之际，往往最容易观察一个人的修养。基本的待客之道、做客礼仪，大家还是应该娴熟于心才不致失礼。

　　中国人在一起聚餐，不像西方人那样围着长桌分边而坐。尽管中国饭店也有不少长方形或方型餐桌，但只要人数超过六位，大家通常更乐意选择坐在大圆桌旁。

圆桌象征中国人喜欢的团团圆圆，同时方便主宾之间互相交流，谁都不会有受到怠慢的感觉。而且从实用性来看，圆桌显然更胜一筹。因为中餐不同于西餐的分餐制，中国人聚餐喜欢众人共同分享丰盛的菜肴。

通常大圆桌中间会放置一个转盘，品种繁多的菜肴陆续被餐厅服务员放在转盘上，转盘缓慢而有节奏地不停移动，当自己中意的菜肴转到面前时，就夹取一些放入自己的餐碟中。

关于入座秩序：

通常主人和主客入座后，其余宾客才依照安排好的位置就座。如果是家人或好友聚餐，大家通常会无拘无束，但最好请主人和年长者坐在尊长位。

一般而言，圆桌最里边的位置为尊长位，靠近上菜的座席则通常会安排给晚辈。

中国古代无论是皇帝宴请众臣，还是民间人们互相宴请，当菜肴放置好之后，主人会先领着客人进行食前祭，此举旨在感恩及报答发明饮食的祖先，有点儿像一些西方人士的餐前祷告。

现在中国人用餐已没有这一环节。但有时候主人会首先举杯向宾客敬酒，通常还会说几句喜庆吉祥的敬酒语来活跃气氛。

取食秩序：

《礼记·少仪》中记载："燕侍食于君子，则先饭而后已。"意思是陪着君子（尊长）用餐时，要先为君子尝食，然后劝君子吃饱。

中国古代有好些历史事件都是在宴席上发生的，比如："杯酒释兵权""鸿门宴",所以有时候赴宴是吉凶未卜,令人提心吊胆。

先尝食,表示食物是安全无毒的,释放的是一种善意和诚意。

今天大家用餐,似乎反其道而行,宾主都会劝对方先尝尝菜肴,人们在酒桌上会经常说"你先请,你先请",表达一种先人后己的客气。

关于进餐过程中的礼仪:

中国古代是如何规范用餐礼仪的?《礼记·少仪》中记载:要小口吃饭,快速咀嚼,避免满口是饭。《礼记·曲礼》中规定:喝汤不要弄得汤汁四溅,不要用舌头发出声响,不要啃骨头,不要(将自己喜欢的食物)占为己有,不要扬饭,不要剔牙,等等。

中国人吃饭时喜欢敬酒。敬酒碰杯时,最好让自己的酒杯稍稍低于对方,以示尊敬。同时席间斟酒或斟茶时,要先替别人斟好再顾及自己。

这些用餐礼仪似乎被不少人抛之脑后。现在国内许多餐馆的就餐环境都是喧闹无比,让人俨如身处集市。席间有人猜拳、劝酒、剔牙、用力擤鼻涕(此举动西方人也常有)、打喷嚏、打嗝,等等。一些人认为这是不拘小节的表现,是反传统的潇洒行为,更多的人则开始意识到这不是有趣,而是失礼。

一个引发中国人反思并采取行动的就餐陋习是铺张浪费。尽管中国人自小都背诵过唐诗"谁知盘中餐,粒粒皆辛苦"。但中国人用餐时食品的浪费令人咋舌。2013 年开始,中国兴起了

"光盘运动"，号召大家珍惜食物，进餐时将餐桌上的食物吃光，或将剩余食物带回家，减少食品浪费。数年过去了，虽说浪费问题依然存在，但较之以往已有很大改观。

使用筷子的注意事项：

筷子作为中国人民的主要餐具，其使用方面的注意事项我们重点介绍一下。

筷子不使用时，要整齐地平放在筷架上或平放在桌面，不能一前一后或一长一短；也不能一边一根放在餐碗边。这些都是筷子放置的忌讳。

筷子一定不能插在米饭上，因为这是中国人拜先人的方法。若有人进餐时如此放置筷子，会令对面座位的宾客或在座的老年人非常恼火。

不能用筷子敲打餐盘、饭碗，这点尤其需要叮嘱好在座的孩子们，以免他们因淘气而做出此行为。因为敲打碗盘是乞丐行为，主人和宾客会将此举视为破坏财运的行径。

席间交谈时，筷子不能对着人或拿着筷子戏耍，也要避免筷子在菜盘中游戈、翻动。

就餐有中间转盘时，用公筷夹起离自己较近的菜肴，尽量避免起身离座并伸展手臂去夹其他宾客面前的菜肴。若无中间转盘，需要取用远处的菜肴时，可请其他宾客代劳，以避免隔着很远夹菜，让自己的衣袖、衣角或围巾领带沾到菜肴。

目前不少高级餐厅会有服务生为大家分餐，自己不喜欢的或会引发过敏的食物，可以告知服务生。

就餐结束环节：

宴请结束之后，若主人是在家中设宴款待，宾客通常要称赞主人手艺高超，并对受到款待表示感谢；若是在外面餐厅用餐，也要对主人的此次邀请致以谢意。

西方人饮食聚会喜欢采用分餐制和 AA 制，这让他们对中国人餐后抢着付账买单的行为常常大惑不解。有时候那种激烈的场面，让他们误以为几个人在打架。这些年随着大量的中国人或留学或工作来到欧美，受西方影响，渐渐地，AA 制也成了一些中国人的聚餐模式。

中国餐桌礼仪与个人修养可以说相辅相成，良好的餐桌礼仪往往彰显出自己的修养，比如学会用幽默轻松的语气来活跃用餐气氛、避免使用敏感或令人尴尬的话题；面对自己喜爱的食物时，要控制住自己的冲动，顾全在座的其他宾客；服务生不小心将汤汁洒到了自己考究的衣服上，安慰一下已经手足无措的服务生，而不是暴跳如雷横加指责；孩子碰翻了菜肴，不是严厉斥责，而是首先检查一下孩子是否有烫伤或受伤；对于行动不便的用餐者处处留意并予以体谅关照；等等。

正因为如此，"餐桌旁边选媳妇，麻将台前挑女婿"成了许多操心的中国父母为自己儿女考察未来伴侣的准则。一个举止端庄优雅、谈吐风趣幽默的用餐者，不仅常常令大家如沐春风，而且往往在餐桌边成就了自己的人生。

餐 桌

罗宏／摄

为什么中国缺少米其林星级餐厅

在中国，如果我们随意拦住街头擦肩而过的行人，问："请问您知道米其林吗？"对方要么是一头雾水，要么扔过来一句："哦，好像是卖汽车轮胎的吧。"

偶尔遇到一两位懂美食的人会说："您指米其林餐厅？我吃过几次，有点儿贵。"

《米其林指南》号称欧洲吃货们的美食圣经，1900年由法国轮胎制造商、米其林轮胎的创始人出版。当年为了给自家的产品做宣传打广告，米其林兄弟将地图、加油站、餐厅、旅馆、汽车维修厂等资讯都收编入一本以自家品牌命名的册子《米其林指南》，免费提供给法国汽车驾驶者，为司机们提供旅行的便利。1926年，该书开始用一颗星来对餐厅进行评估，1933年引入两颗星及三颗星。这就是今天大家所说的"米其林星级餐厅"。

米其林的起源地法国有600家米其林星级餐厅，日本有419家排第二，意大利有333家，德国有290家，西班牙有174家，英国有163家，美国有148家，值得一提的是比利时，这个国土面积仅3.05万平方公里、比中国海南省面积（3.4万平方公里）还小的国家竟然拥有126家米其林星级餐厅。

《米其林指南》2007 年进入日本，目前日本的米其林星级餐厅在总体数量上排全球第二，而米其林三星餐厅，也就是被认为最值得专程前往的餐厅，日本以 28 家名列全球第一。

2008 年，《米其林指南》进入中国的香港和澳门地区，目前这两个地区拥有 77 家米其林星级餐厅。2016 年，上海成为《米其林指南》在中国大陆的第一个评鉴城市，广州将紧随其后成为第二座在大陆的评鉴城市。

由此可见，由于评鉴机构进驻时间的原因，中国这个美食王国自然就看不见几家米其林星级餐厅。

历来热衷于各类评选的中国人，对米其林星级的评鉴，无论是业界人士还是民间，反应却相当谨慎，甚至趋于冷淡。为什么？

如果说中国人在许多方面缺乏自信，但在美食方面，那是毫不含糊地拥有傲视群雄的底气。

几千年前，孔子就提出："食不厌精，脍不厌细。"而另一位著名思想家、哲学家老子则论述"治大国，若烹小鲜"，把烹饪与治理国家相提并论。中国自古以来就有不少政治家身兼美食家。比如先秦时代的名厨伊尹（前 1649—前 1549 年），他被誉为中华厨祖，同时他还是商代的一位卓越的丞相，在他的治理下，国富民强。

其他还有发明了许多私家菜的苏轼；记载了 326 道南北菜肴的《随园食单》一书的作者袁枚；等等。

中国自古以来，圣人、皇帝、宫廷贵族、大学士，都喜欢对美食评头论足。有关美食的书籍浩如烟海。拥有这样悠久饮食文化的国度，自然具有绝对的自信，不会太在意其他人的评鉴。

另外，中华美食有八大菜系，每个菜系又延伸出若干细分菜系。除了菜系之外，每一个单一品种又可以运用多种刀工和烹饪方法制作出上百种菜肴。如全鱼宴又名百鱼宴；豆腐宴也可提供 150 多道豆腐菜。

这么多琳琅满目的菜肴，米其林的评委们若要逐一品尝，首先得扩招评委，即便如此，不谙中国文化的评委们，面对中国菜肴，如何拿捏分寸和掌控标准显然是一个巨大挑战。德国米其林星级厨师在授课时总强调精准和一丝不苟，这对菜品相对单调的欧洲菜系来说，标准比较容易界定。但对拥有成千上万道菜肴以及各种祖传私家菜的中华美食而言，该如何设定评鉴标准呢？

不仅如此，中华美食遍及大江南北，民间藏龙卧虎，不乏烹饪高手。960 万平方公里的国土，不同于比利时的 3 万平方公里，哪怕只是到访八大菜系的发源地，也得舟车劳顿，花费在路上的时间成本要高出无数倍。

这么一来，北上广深这些一线城市自然成了米其林评委青睐的根据地。而对那些评委们鞭长莫及的地区来说，并非他们的餐厅不够好，只是受制于地理位置。

一个本身带有诸多局限性的评鉴，其影响力自然大打折扣。

相比之下，中国人可能更信籁朋友的推荐以及本土的饮食点评网的评价。

中国人吃饭喜欢营造热闹的气氛。米其林星级餐厅的评选标准为：食物占 60％，就餐环境占 20％，酒水搭配占 10％，服务占 10％。

真正受中国大众喜爱的餐厅，多半是喧闹的。喝到兴头上还会猜拳行酒令，这种氛围估计会让习惯了幽雅清静环境的评委们大皱眉头，餐厅在就餐环境方面一定失分不少。

中国餐饮老板对餐厅是否追求"米其林星"也有自己的考量。星级餐厅能带来高客流量，对餐厅也是最好的形象宣传，但这些优势对中国餐厅来说并不明显。中国人口基数大，而且大多数中国人都以捍卫美食文化为己任，以身作则，孜孜不倦地追求美食。所以，一家中国餐厅只要名声在外，门口就一定会排长队，并拥有高翻台率。作为餐饮老板，数着钞票，何必再去劳神费力追求米其林星？

再想想，成了米其林星级餐厅，档次名气高了，但为了避免星被摘掉，维护的成本和思想压力也大大增加，反而可能失去了先前拥有的平常心，并可能丢失大众消费的核心驱动力——性价比。

《米其林指南》进军中国看来有不少不利因素，但积极因素自然也存在。

这份指南即便有局限性，但因其评鉴方式的相对公正性，其权威性也是世界公认的。那么，作为一名厨师，应该拥有成为米其林三星大厨的梦想。就像医学、文学等领域有诺贝尔奖；演艺界有奥斯卡奖；钢琴界有肖邦国际钢琴比赛一样。自娱自乐另当别论，想要成为全球业界翘楚，就得存一份争取最高荣誉的雄心壮志。《米其林指南》就是这么一个标杆。

另外，《米其林指南》2007 年才登陆日本，而现在，日本是世界上米其林三星餐厅最多的国家，东京也是世界上米其林三星餐厅最多的城市。我们的餐厅与日本的相比，差别在哪儿？

或许可以概括为烹饪者的用心、热情和创造力。

厨师若用纯正的心态来对待食物，重视发挥食材个性，又能以一丝不苟的精神来关注每一个细节，那么，这份认真执着的信念，这份心意一定会通过菜品抵达食客的内心。在"民以食为天"的中国，由此产生的影响、带来的改变，将具有深远的意义。

还有一个不容忽视的因素。近年来，欧洲掀起了一场"素食运动"，书店里有关蔬菜烹饪的书籍随处可见，这也引起了欧洲厨师们"巧妇难为无米之炊"的忧虑，因为欧洲的时令蔬菜品种实在太单调了。但这却给了中国厨师们一次大显身手的机会，品种齐全、五颜六色的蔬菜让人眼花缭乱，随着人们饮食态度的改变，或许假以时日，米其林的星星会在中国各地的大街上熠熠生辉。

巴黎塞纳河畔的米其林餐馆"银塔"

李志光／摄

文化篇

为什么中国有十二生肖

为什么中国人说：不怕生错命，就怕取错名

为什么"说汉语"其实并不难

为什么说外语让许多中国人头痛

为什么数字在中国人生活中那么有趣

为什么中国南北差异这么大

为什么地域的话题在中国引热议

为什么不少中国婚姻里仍然存在男女不平等

为什么中国父母被称为"虎妈""狼爸"

为什么很多中国人是多重信仰

为什么中国有十二生肖

　　谈及十二生肖，首先得了解中国的农历和干支纪年法。

　　记得来德国的第二年，10月的某天，笔者的先生说今天我们该给妈妈打电话，祝她生日快乐。笔者回答说还早着呢，两个星期之后才是妈妈的生日。先生大惑不解，难道中国人每年过生日都不是同一天？丈母娘去年10月份庆祝生日，今年生日怎么变成11月份了？

　　中国人的生日庆祝与西方人一样，就是庆祝出生的日期。但不少中国人是按自己出生那天的中国农历日期来庆祝的，这样一来，生日所对应的每年的公历日期就不同了。

　　比如说某人2000年中国农历新年第一天（2000年农历1月1日）出生，按西方人来说他（她）的出生日期为：2000年2月5日。但他（她）若按农历年传统来庆祝每年的生日，那么一直到2019年，也就是说他（她）18岁的时候，每年生日相对应的公历日期为：1月24日，2月12日，2月1日，1月22日，2月9日，1月29日，2月18日，2月7日，1月26日，2月14日，2月3日，1月23日，2月10日，1月31日，2月19日，2月8日，1月28日，2月16日。

之所以罗列出这么多的数据，是为了让大家可以从中发现规律，中国的农历新年基本在公历 1 月 20 日至 2 月 20 日这个期间内。也就是说，中国人的农历日期比西方的公历时间上大约要晚 20 天至 50 天。

中国作为农耕文明的古老国家，早早地就学会了观察日月的运转，采用月相的变化周期来计算每月的长度。公元前 1751 年，中国人已经计算出每年有 365.25 天。同时，为配合农耕需要，中国人的祖先在秦汉年间，根据地球绕太阳的位置变化确立了立春、春分等二十四节气，在公元前 104 年正式把二十四节气订于历法。

这些节气反映了四季中细微的气候变化，农民们据此来安排农事，如同二十四节令歌所咏唱的那样："立秋忙打靛；处暑动刀镰；白霜烟上架，秋分无生田……"

古时春节曾专指二十四节气中的立春（每年公历 2 月 4 日前后），这被视为新的一年的开始。后来人们才把春节改为农历正月初一。

中国人习惯以春节来看生肖，农历大年初一为下一年属相，除夕为上一年属相。也有少数人仍然采用立春作为生肖的分界线。

欧洲人根据出生的月份看星座，而中国人则趋向于按照出生的农历年月来谈论各自生肖。

生肖又称属相，以十二种动物代表年份，称为十二生肖。

关于十二生肖的起源，至今仍然众说纷纭。

中国从大约四五千年前的上古时期就发明了天干地支。甲、乙、丙、丁、戊、己、庚、辛、壬、癸十个符号为天干；子、丑、寅、卯、辰、巳、午、未、申、酉、戌、亥十二个符号为地支。

公元 85 年汉章帝下令在全国推行干支纪年法，此纪年方法一直延续至今。具体方法就是把十个天干符号与十二个地支符号顺序相配，把"天干"中的一个字放在前面，后面配上"地支"中的一个字，如甲子年、乙丑年、丙寅年等，每六十年为一循环，周而复始。按照中国干支纪年法，2017 年为丁酉年，2018 年为戊戌年，那么 2019 年按序为己亥年……

为何 2017 丁酉年又成了鸡年，2018 戊戌年被称为狗年，2019 己亥年为猪年？这是根据：子鼠、丑牛、寅虎、卯兔、辰龙、巳蛇、午马、未羊、申猴、酉鸡、戌狗、亥猪，这个排序而得出的结论。

有关生肖起源，中国民间流传有不同的典故。

其中一个被中国民间普遍接受的十二生肖的由来是：一天有二十四个小时。中国古代天文学家按每两个小时一个时辰，将每天分为十二个时辰。而这十二个时辰，按照动物的出没时间和生活习惯，依序对应十二生肖：鼠、牛、虎、兔、龙、蛇、马、羊、猴、鸡、狗、猪。

夜间 23 点至次日凌晨 1 点是子时，是老鼠活动最频繁的时间，所以老鼠排在生肖第一位。

凌晨 1 点到 3 点为丑时，这时农庄开始给牛喂夜草，牛的肠胃内有了食物后，可以增强机体抵抗寒冷的能力，另外夜晚喂食后有利于牛休息、反刍和消化吸收，可促进生长。

凌晨 3 点至 5 点为寅时，据古书记载，人们常在此时听到虎啸声，此时的老虎最凶猛，最容易伤人。

5 点到 7 点为卯时，兔子们被带着晨露的青草吸引而纷纷出窝。

7 点到 9 点为辰时，此时天空容易起雾，犹如传说中龙腾云驾雾的景象。

9 点到 11 点为巳时，蛇类开始出洞觅食。

11 点到 13 点为午时，这时动物大都躺下休息，唯有马仍在奔跑嘶鸣。

13 点到 15 点为未时，这个时辰又叫"羊出坡"，是牧羊的好时光。

15 点到 17 点为申时，此时猴子啼叫最欢。

17 点到 19 点为酉时，太阳落山，鸡开始回笼。

19 点到 21 点为戌时，农家准备休息，狗进入看家护院的警惕状态。

21 点到 23 点为亥时，猪正在熟睡，此时鼾声最响亮，也是最长膘的时段。

关于十二生肖，尤其令中国人津津乐道的，还有中华人民

共和国第一任总理周恩来的一则轶事。据说周恩来在留学德国期间，针对西方人关于中国生肖的疑惑，他是如此解答的：十二生肖两两相对，寄托了中华民族祖先对后代的殷切期望，也体现了中国人的生存智慧。第一组老鼠和牛，老鼠代表智慧，牛代表勤奋，智慧加上勤奋，是人类的生存之道，所以排在最前面；第二组老虎和兔子，老虎代表勇猛，兔子代表谨慎；第三组是龙和蛇，龙代表刚毅，蛇代表柔韧；第四组是马和羊，马代表勇往直前，羊代表温和；第五组猴子和鸡，猴子代表灵活，而鸡在没有钟表的古代，每天定时鸡鸣报时，代表稳定；第六组狗和猪，狗代表忠诚，猪代表随和。

这段十二生肖两两相对的解释，实在令人惊叹，完美诠释了中国自古以来倡导的"中庸之道"：不偏不倚，折中调和。比如马羊相配，一马当先朝前驰骋的时候，也要留意营造和谐的氛围；猴子和鸡相配，灵活多变的同时要保持基本的稳定；狗与猪相配，忠诚又不失随和。

古代人们相亲时，双方家长会先将儿女的出生日期及生肖，请命相师配对，测试吉凶。虽然目前这种现象很少了，但广东、香港等地一些民众，尤其是大户人家婆媳妇，仍然会谨慎以待。

比如属鸡与属狗的，因为只相差一年，所以相爱的年轻人不少，但有些家长会认为这两个属相的人在一起，避免不了"鸡飞狗跳""鸡犬不宁"，于是横加干涉。

再比如"龙"，因为中华民族被称为龙的传人，中国古代只有皇帝可以穿龙袍，皇后可以戴凤冠着凤袍，所以，中国家长们都希望自己的儿女成为"人中龙凤"，有些孕妈妈为了生下"龙宝宝"甚至不惜提前剖宫产。

公元 2000 年是千禧年，又恰逢中国农历龙年，所以结婚的新人尤其多，其中不少赶紧结婚是为了生育"千禧宝宝加龙宝宝"。虽然没有任何数据显示龙年生的孩子更优秀，但至少他们在回答自己的属相时，似乎声音格外的洪亮和骄傲。

中国人在自己的本命年（俗称属相年，从出生那年起，每十二年一遇的农历属相所在年份）许多地方无论大人小孩都需系上红腰带，现在人们多半会采用本命年穿红色内衣裤的方法，来趋吉避凶、消灾免祸。

另外，每逢春节，中国一些书报亭或集市会出售关于各种生肖来年整体运势预测的小册子，不过而今大家多是以娱乐心态来阅读，并不相信这些预测，不再像古代祖先们那样认真对待。乐观幽默的中国人，对每一个生肖年都寄予了美好的祝福。2018年为狗年，大家认为"狗来富贵"会为家庭带来兴旺；而 2019年为猪年，大家在期盼农历新年的到来能"猪（诸）"事顺利。

十二生肖

罗宏／摄

为什么中国人说：不怕生错命，就怕取错名

现代中国人的姓名由姓氏与名字一起构成，姓氏主要由父系祖先世代相承，也有少数人采用母亲的姓；名字则在孩子出生前后由父母或家族其他长辈取名。中国人的名字习惯用两个字或一个字，从比例上来看，现代人名字为两个字的占多数。

与西方不同，中国与东亚其他国家以及部分非洲地区，书写姓名时是先姓后名，而西欧、美洲、澳洲则是先名后姓。

中国人对孩子取名的重视，从下面一句话中可以感受出来："不怕生错命，就怕取错名。"关于取名的学问，足以在大学里专门开设一门专业课了。

一些家族，会由古代祖先预先选好某四言类或五言类诗体（偶尔也有七言、八言的），后世子孙名字中的第一个字，需要按所属辈分取字。如笔者父亲按辈分属"曾"字辈，所以他的兄弟姐妹、堂兄妹好几十位，名字第一个字全是"曾"。家族大聚会时，看名字就知道每个人的辈分。

至于名字中的第二个字，很多中国人通常会按照"女诗经，男楚辞，文论语，武周易"的原则来选取。也就是女孩子的名字会从《诗经》里选字，男孩子的则由《楚辞》里择取；或者文人

家庭会偏向《论语》，军人家庭则更青睐《周易》。比如笔者的爷爷替笔者的父辈取的名字（第二字）就是按"仁、义、礼、智、信"来排序。

一些对命理学非常虔诚的家庭，会在孩子出生后，将孩子的生辰八字拿到算命先生那里，算命先生测算后会告诉孩子父母，孩子的五行"金木水火土"是否齐全？如果缺木，那么孩子的名字里就必须含有大量的"木"来弥补；若缺水，则取名时可以考虑诸如"淼"等水多的字。

中国民间尤其是农村，给孩子取名没有那么多读书人的讲究，却因名字的实用性和直观性而颇具特色。

比如大家相信：贱名好养。而牲畜属贱生贱长，家族的男孩子，若取名（至少乳名或小名）为狗、羊、小猪、牛、阿驴等，则有助于他们平安健康成长。甚至有些家庭因为"男尊女卑"思想的影响，若家里男孩子体质赢弱，长辈们就会给男孩子取个女孩子的名字，认为这可以让男孩躲避外邪的攻击。所以在中国，有些长得五大三粗的男人却顶着小芳、小妹等典型的女性名字。

有些父母，大概希望自己孩子长大后能够赚钱养家，摆脱贫困，会给孩子取名"发财""多金""旺财"等。

以前公司同事中就有好几位名字叫"发财"，欧洲同事知晓后表示不解，说中国人说话方式历来委婉含蓄，又如何对金钱财富的追求如此直白？

还有不少中国人漂洋过海留学，学成归国回来会多个外文名，文质彬彬很有礼貌递上来的名片上写着"Sophia""Richard"抑或"Jacky"。他们的长辈也是无可奈何地直摇头。

若对中国人的姓名追根溯源，则一直可以追溯到原始社会。最早期的中国人其姓名构成分姓、氏、名、字。其中"姓"主要代表所属原始部落的名称。当部落逐渐扩展，派生出许多独立的家族，此时就以"氏"加以区别。古代人"氏"的来源可以是封邑名、官名、职业名、住地名等。当时只有贵族有氏，所以这也被用来区别贵贱。到了秦汉时期，中国人的姓与氏合二为一。

比如笔者姓杨，杨姓是中国第六大姓氏，起源于古杨国（今山西省洪洞县）。周朝的周宣王（前 827—前 782 年）是西周第十二代君主，周朝天子姓姬，而姬姓也是中国上古八姓之一：姜、姬、妫、姒、嬴、姞、姚、妘。根据《帝王世纪》记载，黄帝生长于姬水，所以以姬为氏。

周宣王姬静将古杨国赐给儿子长父，其子长父及后裔就以封邑名"杨"为氏，遂称杨氏。目前杨姓人口全球大概有四千万左右。

笔者有一位好友姓周，周姓是中国第七大姓氏，其起源于周朝最后一位天子周赧王姬延（前 314—前 256 年）。东周国覆灭后，其后裔由姬姓改周姓。当代周姓人口超过 2400 万。

所以，笔者和她经常打趣说：我们可是同宗同祖的。

除了姓之外，中国古代人的名与字也是分开的，所谓"幼名，冠字"即指幼年时会先有个"名"，待长大行了成人礼之后，就

会再有个"字"。

中国人通常说"君父之前称名，他人则称字也"。也就是说一个人的名，只能用来被尊长者称呼；至于平辈、晚辈，则必须以"字"相称，否则就是失礼。

中国古代的文人雅士还喜欢为自己取"号"，在此暂不讨论。

而今中国人起名基本上都只取名而无字。偶有文人雅士给自己取个字，但早已失去了古代人姓名中"字"的重要意义。

西方人士不会明白，在中国，一个人的名字，经常具备信仰般的力量，它寄予了家族长辈们的殷切希望。而名字每天被大家呼唤，似乎在随时提醒当事人要不负众望，这无疑会产生一种积极的心理暗示。

当然，因为名字不当而产生消极影响的例子也不胜枚举。

有一些父母，不知是因为无知还是太过无所谓，会给自己的孩子取一些有歧义的名字，好在孩子成年后，可以以自己名字含有歧义为正当理由而申请更改。但当事人因为曾经的名字遭人嘲笑而产生的自卑心理，却很可能需要漫长的时间才能克服。

还有一些成年人，当工作、学习、生活屡遭不顺时，也会采用改变名字的方法，希望扭转颓势，出现新的转机。大多数人会将自己曾经的单名改成双名。笔者问一位改了名字的朋友，是否真有这么神奇？她很认真地回答说："真的！现在感觉一切都很顺利。"

大概这就是信仰的力量。

姓　名

李志光／摄

为什么"说汉语"其实并不难

如果我们询问外国人对汉语的看法，无论这个外国人是否学过汉语，基本上他都会回答：很难，真的很困难。

可是，笔者家里这位德国人却总是很认真地告诉他的朋友们：其实"说汉语"不难。

关于语言，笔者个人一直认为其最重要的功能是沟通与交流。大多数外国人学习汉语，也是为了自己在中国工作、学习或旅游时，能够用当地语言来和大家交谈、交换意见和看法。换句话说，我们需要更多考虑汉语的实用性和口语训练。

为了让家人学习汉语，笔者也买过一些中文教材。但笔者发现，如果照本宣科地教，无论孩子也好大人也好，很快就会对学习失去兴趣。

中国有很多老师认为，学习本身就是一件枯燥辛苦的事情。

笔者对这种看法非常不以为然。孔子曾说："知之者不如好之者，好之者不如乐之者。"即学习分三个层次，了解怎么学习的人，不如爱好学习的人；爱好学习的人，不如以学习为乐的人。

希望学习汉语的外国人，好奇心与兴趣是关键，而好的方法可以将学习变成一种快乐的探险历程。

汉语与其他国家的语言一样分口语和书面语言。汉语的书面语会涉及许多文法，有许多固定的使用规则。笔者学过四种外语，不得不说，汉语之美，世上没有任何一种语言可以与之媲美。比如中国唐代大诗人王维的《相思》：红豆生南国，春来发几枝。愿君多采撷，此物最相思。

这首诗被翻译成了不同的外文版本，但汉语特有的那种意境美，很难通过别的语言充分表达出来。相反，一些国外的诗歌，译成汉语之后，那份优雅婉转，往往令人如痴如醉。而要领悟汉语的这种意境之美，若没有十年八年的钻研，以及中国人那种易感的心灵，深藏在骨子里的浪漫情怀，确实难以掌握汉语的精髓而修成正果。鉴于此，那些只希望用汉语进行基本沟通交流者，真的没必要在汉语书面文字方面耗费太多的时间和精力。

但汉语口语则完全是另一回事。

虽然汉语口语学习的传统模式是，首先学习拼音，然后大量的词汇与语法练习，但对于入门者而言，令人头痛的拼音 23 个声母、24 个韵母以及 16 个整体认读音节的学习，这些都可以放到以后再说。

汉语的口语比较简单，与语法结构严谨复杂的德语相比，简直是天壤之别。因为汉语基本语法单位是字根，口语更是不用考虑语法，学会若干个字根，就可以走遍中国了。

笔者有一位德国朋友，她是一位营养学博士，她所在的工

厂与中国企业合作，在山东开了一家合资企业。为了交流方便，她开始学习汉语口语。前后利用业余时间自学了六个月，结果她到中国出差，已经可以与中方人员用汉语进行简单的沟通交流，应付日常生活所需也绰绰有余。

中国的《新华字典》最初版收录了 8000 多个汉字，目前增至 11200 多个。若掌握 500 个基本字，加上常用的 3000 个常用词，完全可以畅行中国。像一些基础字和词组：你、我、他（她）、要 / 不要、有 / 没有、好 / 不好、对 / 不对、哪里、多少……自主灵活搭配，在中国独自旅行时，就可以应付许多场合了。

因为汉字属于表意文字体系，其动词的功能相较于西方语系要弱很多，初学汉语者，将自己熟记的汉字，像儿童拼图游戏那样，一个个拼凑在一起，就能让听者明白自己要表达的意思。举个例子，如果此时你在中国南方，你对一个中国人说："我、北京、明天"，既无语法也无正确语言结构和顺序，但听者却往往会明白"你明天要去北京"。

相信有不少人秉持"万丈高楼平地起"的理念而对此学习方式提出批评。有人认为凡事基础先要打好、要巩固才行。这种先说后学的方式与正统的学习方式背道而驰。

但学语言好比登山，如果一开始就告诉大家山路崎岖，林中还有猛兽出没，估计一开始就会吓坏许多人，接下来登山过程中也会不断有人掉队，最终登上顶峰者寥寥无几。但若先把登山者带到一处风光旖旎的地方，让大家策马扬鞭、自由驰骋，众人心旷神怡之下，豪情壮志油然而生，攀越高峰就成了自我挑战。

学习任何一种外语也一样。通过简单的语言沟通产生的自信心，会吸引人们去进一步系统化、规范化地学习。这时候，就能从被动地学变成主动地去思索、去寻求自我提高。

如何学习口语，除了牢记一些基础单词和词汇之外，也有一些捷径。汉语是诗一般的语言，学汉语要养成画面感，脑海里先浮现出一幅画面，再去记忆相关联的字、词，这样往往事半功倍。像口语的声调练习：

妈妈骑马，马慢，妈妈骂马。

又比如口语中绕口令的练习：

长城长，城墙长，长长长城长城墙，城墙长长长城长。

汉语中这类练习非常多，边画边学，这样既可以充分运用左右脑的机能，并借助图像记忆法来增强记忆力，同时还能更好地领悟汉语的画面感。

还有一个笔者认为很有效的方法，就是通过反复听、唱中文歌来训练汉语语感。年纪小的孩子，当然可以听儿歌；至于成年人，像歌手费翔的几首歌，如《故乡的云》《冬天里的一把火》

旋律优美，非常适合用作汉语学习。尤其是《冬天里的一把火》，其原曲为爱尔兰女子演唱团体 The Nolans 组合的《Sexy Music》，歌曲旋律热情奔放，而今依然是德国电台的热播歌曲，不少德国人都能跟着哼唱。若能学会中文版，此举足以令人感到骄傲和自豪。

对于想学汉语的外国人来说，只需要每天学说一个汉语单词，一年之后，保证可以与中国人进行口语对话和交流。大家是否愿意一起来试试？

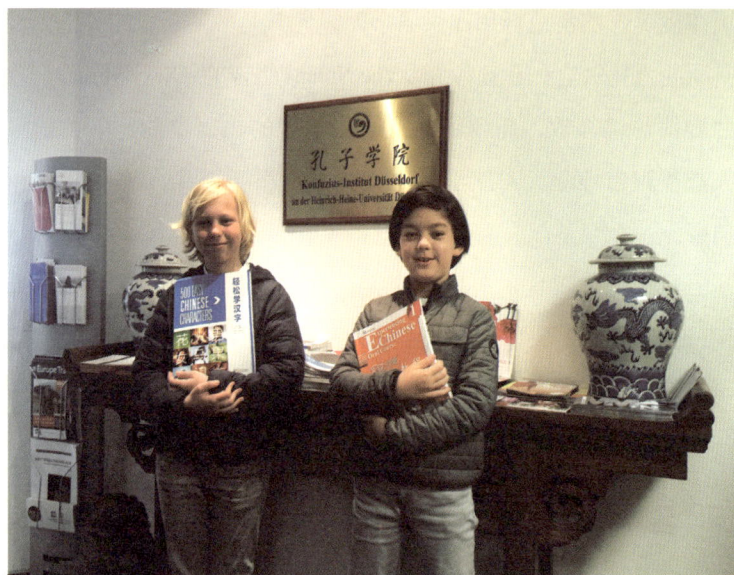

学汉语

李志光／摄

为什么说外语让许多中国人头痛

曾经读到过这么一件趣事，说有一位外国学生前去拜访一位英国教授，俩人交谈中提及英语，这位外国学生告诉教授，世界上有两种英语，一种为英式英语，另一种被称为美式英语。

英国教授纠正他说：世界上确实有两种英语，只不过一种为正确英语，另一种为错误英语。

后来，笔者将这故事讲给朋友们听，他们都笑着说：若这外国学生是中国人，估计教授会添加一种"哑巴英语"。

不但国外的教授们对此感到不解，为何中国学生成绩不错，偏偏外语说得结结巴巴，有些甚至不愿开口。西方民众也纳闷，中国人的聪明才智怎么没在外语方面体现出来？

笔者曾经与一些朋友探讨过这个问题，问题的症结不外乎以下几点：

一、国内外语教材的滞后

就拿英语来说吧，中国国内的英语教材大部分还是沿用的传统英语，连初次见面互相问候的对话都是几十年不变。设想一下，如果一个外国学生学中文，问对方年龄时来一句："贵庚啊？"或再来一句："府上住何方？"大家是否会感觉很别扭？语言尤其是口语表达方面需要与时俱进，这样说者才不会因为别人可能的哄笑而感到尴尬，进而失去交谈的勇气。

国外很多学校语言教学时，老师很少使用教科书，经常是现场板书，这让一些中国来的孩子，因为习惯了照本宣科式的教学方式，一开始很难适应国外老师的方法。

二、学外语的方法

英国学校从孩子们 4 岁进入学前班开始，会采用《牛津阅读树》作为孩子们的课外阅读教材。这套牛津大学出版的系列丛书由浅入深分成 1—16 级，每一级别都有相对应的英文书籍，从看图说话绘本开始。老师通过每周一次的抽查，来测试和评估每个学生的阅读和理解水平，并核准阅读级别。然后，学生可以从学校图书馆借回相关的阅读文本。从学前班开始，一个孩子差不多用 4—5 年时间，平均阅读大约两百本课外书籍，就可以完成全部 16 个级别的阅读，成为一个自由阅读者。这也意味着该学生所具备的词汇量和知识面已可以广泛自由地阅读学校图书馆的所有书籍。

可以说，这套寓教于乐的分级读物非常有助于培养孩子们的阅读兴趣。

除了阅读，国外一些学校每个年级每个学年都要排演一出动物话剧或莎士比亚话剧。时间从起始的半小时延长到高年级班的一个半小时。话剧中穿插大量的对白和歌舞表演。

通过大量阅读以及大量实践，孩子们对语言的兴趣以及对世界探索的欲望被极大地激发出来，然后再加入相对枯燥的语法学习和锻炼，逐步增加写作量。

中国古代伟大的教育家孔子就曾提出："知之者不如好之者，好之者不如乐之者。"也就是告诉大家，以学习为乐才能取得最佳的学习效果。

国内外语教学注重语法知识，这其中有应试教育的考量。但枯燥乏味的大量语法练习，将学生们主动学习的求知欲推向了被动接受的消极状态。

三、学外语的目的

如果我们问中国学生们为什么要学外语，估计大部分学生会回答：英语是高考的必考科目呀。

言外之意，如果高考取消英语科目，学外语的学生一定会骤减。"外语无用论"的观点不但在一些学生心目中，甚至在一些教育工作者的眼里也颇有市场。大家认为自己并没有出国的打算，以后的工作估计也用不着外语，至少，不需要运用外语口语。就算要出国旅游，跟着中国旅行团，全程都有中文导游；哪怕自助游，手机上也有下载的翻译 APP 可以使用。

以上这些都是主观及人为的因素所造成的外语学习的困扰。中国人学习外语，确实也存有先天不足的缺陷。

首先是语言上的差异造成的困难。

汉语属于汉藏语系，目前大家主要学习的外语英文属于印欧语系。相比之下，汉语没有复杂的语法结构，时态表达只需要加上时间状语就可以。可能正因为如此，中国的英文教学往往着重于语法的讲解。

学过外语的都知道，语法学习是最枯燥乏味的，对于有些学生来说，他们始终不能明白，为什么英语不能像汉语那样，加上一个"明天"就表示未来，为何动词也要进行时态变化？

学一门外语连带还要改变自己根深蒂固的思维方式，这大概是更难的自我挑战。

其次是语言和方言的困扰。

中国疆域辽阔，与此相对应的是上百种分布在中国境内的语言。中国社会科学院 2016 年出版的《中国的语言》一书，总共收入了中国境内 129 种不同的语言。

同时，不少中国语言学家把汉语分成七大方言，各大方言又分为许多次方言，次方言又再细分成若干方言点。

尽管汉语普通话已被法律规定为国家通用语言，但学校之外，大家还是喜欢用本地方言或民族语言来交流。这些语言和方言，对来自不同区域的人们来说，俨如外语，大多数时候属于根本听不懂的范畴。

学龄儿童，当他们背着书包走进学校教室的第一天开始，首先需要面对和学习的就是标准普通话。有时候，普通话的发音与他们熟悉的方言大相径庭，这些困扰，让孩子们不得不花费大量时间来应对。有些孩子甚至会因为自己浓郁的乡音而遭到同伴的嘲笑，从而产生自卑心理，不愿主动开口交流。试想，普通话

学习都这么费尽周折，对于外国语言，学生们更因先前已有的畏难情绪而生出抗拒之心。

关于语言学习，还有一点不可忽略的就是学校语文课程里文言文的学习。文言文是以古汉语为基础经过加工的书面语，它始于公元前5世纪直至20世纪初。1915年一些受过西方教育的中国文化界人士发起了"反传统、反儒家、反文言"的新文化运动，平民化的现代白话文才开始逐渐替代精英层的文言文。虽说这是历史发展的必然趋势，但对于中国人来说，要阅读古代经典以及古诗文，了解中国文化，就必须要学习并掌握文言文。所以文言文知识也是中国高考的必考内容。

学习文言文有多难？这就好比母语为印欧语系的学生学习拉丁文。或许通过这点大家可以知晓，中国学生学习语言的负荷究竟有多重！

第三是环境因素。

学习外语，语言环境相当关键。据说阿里巴巴集团的总裁马云当年为练习口语，就自告奋勇在西湖边给外国游客当免费导游。

学语言的主要目的就是为了表达需求，并通过交流去了解对方的文化和风土人情。也因此，大家都说谈一场异国恋，学外语的两大要素：环境与动力，全都解决了。

中国黑龙江省与俄罗斯接壤地带，不少居民能说俄语；与韩国隔海相望的山东半岛，会说韩语的人口比例远远高于其他省

份。而其他大部分省份的人们，应该说既没有外语环境，也缺乏
内部和外部的动力。

纵观欧洲诸国，国民几乎都会一两门外语，其实也不奇怪，
在欧洲往往开车一小时就到了别的国家。就像荷兰，电视台节目
许多都是原版的德语、法语、英语节目。一些德国人周末会开着
车去荷兰超市购物，因为那里的价格更低廉。比利时更别说了，
德语、法语、荷兰语都是官方语言。

意大利国宝级导演、五次摘取奥斯卡金像奖的费德里
科·费里尼（Federico Fellini）有句名言："每种不同的语言都是
一种不同的生活视角。"学过四门外语的笔者还有一个更深的体
会，当我们学会外语时，我们往往会换一个角度来看待自己的母
语，反而会更好地了解和珍爱它。

中学生

罗宏 / 摄

为什么数字在中国人生活中那么有趣

　　说起数字，首先讲一个故事。那年笔者父母来德国探亲，某个风和日丽的下午，邻居家男主人彼特先生在自家院子里洗车，于是我们互相打招呼，闲聊了几句。后来妈妈把笔者悄悄地拉到一边，对笔者说："你最好劝人家换个车牌号。"以前笔者倒是没留意，现在听这么一说，也觉得那车牌号确实没几个中国人会使用，可德国人不相信这些，再说哪怕是朋友之间，德国人也是习惯性地保持一定的距离，绝不会干涉别人的生活。笔者把这告诉母亲，她只是摇摇头说："这号码乌七八糟，每天也影响心情啊。"笔者笑着说："人家不懂中文，所以无所谓的。再说彼特夫妇恩爱和睦，独生女聪明活泼，生活幸福着呢。"

　　后来大家就没再提及这事。只是妈妈看到邻居的车偶尔还是会皱皱眉。父亲就开玩笑说母亲这是替世界人民操心。

　　大概半年之后，笔者与已回国的父母通电话，提到邻居家女主人爱上了别人搬走了。母亲马上反应道："我当初怎么说的？如果……"

　　又过了些日子，几个邻居一起来笔者家吃烧烤。男士们喝着啤酒，笔者先生不知怎的就提到此事，彼特先生情绪已经平

复，他耸耸肩说："或许你们确实应该早点提醒我。"我们知道他说的是双关语，彼特是个工作狂，常年出差在外，认为赚钱养家就是尽到了丈夫的责任，从没想过会"后院失火"。

一年后，彼特交了新女友，换了台新车。这次笔者特地留意了一下他的车牌号，不但弃用了以前的号码，车牌号里竟然还采用了"16"这个数字，大概他也希望从此顺顺利利。

中文数字因为数字本身的发音，容易与一些代表吉祥或者晦气的中国字联想在一起，所以就有了对数字的偏好。

比如"6"因为"六六大顺"而代表顺利；"8"与广东话里"发财"的"发"读音很接近，是最受欢迎的数字，代表吉祥富饶；"9"和"久"的发音相同，而"长长久久"也是中国人的美好愿望。

2008年夏季奥运会在北京举行，中国把开幕典礼的时间就锁定在2008年8月8日晚上8点开始。这符合中国人历来通过数字寄托美好祝福的习俗。

在中国，挑选电话座机号码、手机号、车牌号等，如果选择某些数字是需要额外付费的，若是几个"8"叠加，或与"9""6"组成特别吉利的数字如"1698"，那额外支付的费用可能上万元甚至更多。如果谁的车牌号为"88888"，那么基本可以肯定这车型至少是宝马、奔驰、奥迪系列。此外，连交警执法也会更慎重，因为这车牌号可不是光有钱就可以拿到的，车主通常会被大家认为是神通广大的"牛人"。而如此高调地彰显，车主的性格于此可见一斑。

有喜欢的就会有讨厌的，中文数字就是一样。

"4"因为与"死"读音相似，是最不受中国人喜欢的数字。所以，细心的游客会发现，许多建筑楼群唯独没有第4栋楼；高楼大厦或酒店也没有"4、14、24、34、44……"这些楼层。如果一栋高楼有100层，那么实际上只有90层。

也有很多人不喜欢"7"，认为它的读音与不开心生气的"气"读音相似，若有人得了"174"这个号，真的是"要气死"（因为"1"读音有两个，一个为"一、二、三"的"一"；另一个同"幺"）。

不受欢迎的"4"也有被格外青睐的时候。

如"1314"，普遍被诠释为"一生一世"。虽说"14"不被大家接纳，但加上吉祥语意的数字，就有了"一世"的含义。如"148"代表"一世（一辈子）都发财（发达）"，这么一来，就成了要额外加价的号码了。

另外，"4"在数字组合（超过两位数）中往往被当作系动词"是"，这时本身没有了语意，往往取决于前后数字。

也不太受欢迎的"1"与"7"组成"17"就成了"一起"，至于一起做什么，就看后面跟什么数字了，"178"就是一起发（财）了。

觉得中文难学的，或许可以先学"中文数字词组"，尤其是喜欢中国，想与中国人谈恋爱的，巧用数字就可以写出一封情意绵绵的情书。"0"被当作"您（你）"，"1"代表"唯一"或"要"，"2"代表"爱"，"3"代表"想念"，"4"代表系动词"是"，"5"

则代表"我","6"代表"顺利","7"代表"请""气","8"代表"发（财）"或"88（再见）","9"代表"长久"。

举几个例子：

520　我爱你，若再加上1314520就成了"一生一世我爱你"，是最受欢迎的甜言蜜语。

513920　我一生就爱你

519420　我依旧是爱你

51880　我要抱抱你

259758　爱我就娶我吧

8013　伴你一生

9213　钟爱一生

……

这些数字语言，避免了文字直接表达的难为情，让一些性格内向含蓄的人有了试探对方心思的途径。大家用数字语言交流，个个都成了训练有素的谍报人员，给生活平添不少情趣。

其实英文里也有数字语言游戏，但与中国的数字语言相比，就好像一个是单色的万花筒，难免有些乏味；一个却色彩缤纷，可以变幻出无穷的图像。

至于一些中国人为何对数字如此迷信？大概也是缘于心理暗示作用，积极的心理暗示往往让人产生一种美好的信念，这份信念不但让人快乐，还能提升抗压能力和对挫折的耐受力。

以后大家在欧美的公路上，若看到一连串"6"或"8"的车牌号，大可会心一笑："你好!"

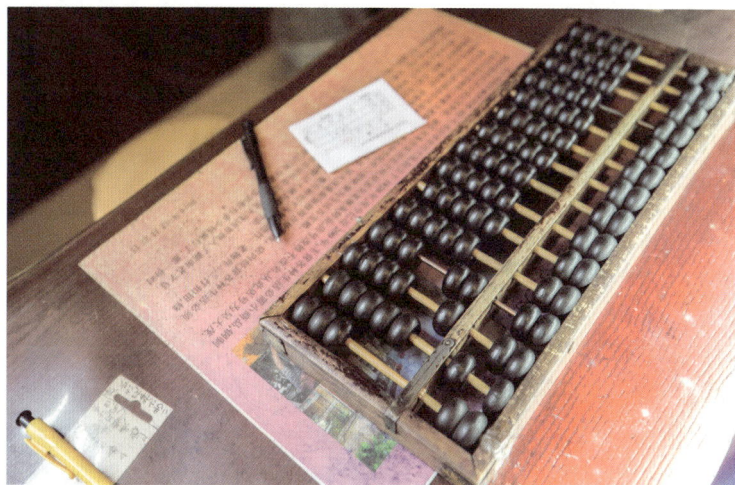

中国传统计算工具：算盘

赵芹章/摄

为什么中国南北差异这么大

至今距 1990 年 10 月 3 日两德统一已经过去许多年了，然而，德国人在平时交谈中，还会不经意提及谁是东德人，谁又从西德迁回东德去了。

东与西，成了德国人的一道分界线。柏林墙虽然早已被推倒了，但人们脑海里那道无形的墙还在。

德国东、西概念主要是基于历史原因。世界上还有许多其他国家也因为地理位置、气候、文化等原因，形成明显的东与西，抑或南与北分界线。对于幅员辽阔的中国而言，人们常常喜欢自称北方人或南方人。

中国北方与南方是如何划分的？

地理上中国南北之分以秦岭—淮河线为界，秦岭以北为北方。但中国民间往往以长江为界，生活在长江以北的被称为北方人，长江以南的居民为南方人。至于部分位于分界模糊地带的居民，则乐得享受这种每天得以"南来北往"的灵活性。笔者曾有一位同事是江苏徐州人，徐州地理位置也理应归属北方，按说大家都认为他不但长得高大，又属典型的北方人性格，可他偏偏喜欢宣称自己是南方人。于是，大家常常打趣他："你可以每周一、

三、五做北方人，二、四、六做南方人，周日休息只做自己。"

中国的南与北，究竟有多大的不同？

人们常说"一方水土养一方人"，或者"百里而异习，千里而殊俗"。中国原本就幅员辽阔，南北距离约为 5500 公里，历史、文化、地理环境、气候等因素，都随着时间的流逝，在南与北留下了自己的印记。

首先从历史上来看，中国曾多次出现过南北政权对峙的状态。距今较近的为南宋时期（1127—1279 年），中国宋朝政府因军事上不敌北方游牧民族而被迫南迁，建都临安（今浙江杭州）。从此以秦岭—淮河线为界，据守南方，与北方游牧民族建立的金朝形成长期对峙局面。后来成吉思汗建立的蒙古政权在公元1234 年摧毁了金朝，随之建立元朝。南宋又与元朝形成南北对峙，直至南宋被攻灭。

南宋偏安江南 152 年，当时随着政府南迁的，还有北方士大夫们以及各类中原人士，形成中国政治、经济、文化、人口重心的整体南移。152 年沧海桑田、世事变化，原本繁荣的北方在经济上逐渐被南方赶超，这一状况延续至今。

中国现代历史学家、语言学家、国学大师陈寅恪先生曾说："华夏民族之文化，历数千载之演进，而造极于赵宋王朝。"

处于巅峰时期的华夏文明，虽然遭遇了野蛮的北方游牧民族的严重破坏，但文明的火种在中国顽强地延续了下来。这不能不说是中华文明乃至世界文明的一大幸事。

　　除了政治和历史原因之外，南方的经济发展也得益于其优越的气候条件。两者的气候特征可以用一句成语"雪北香南"来概括，意思是多雪的北方，花木飘香的南方。

　　中国古代诗人对江南的描述通常是这样的："日出江花红胜火，春来江水绿如蓝"；又或者"南朝四百八十寺，多少楼台烟雨中"。江南是如梦似画的水乡，是悠长的雨巷，是秀丽的湖泊山水。

　　而北方则是另一种截然不同的风光，"草枯鹰眼疾，雪尽马蹄轻"，"大漠沙如雪，燕山月似钩"。北方是千里飞雪，广袤沙漠，是重重的高山峻岭。

　　人们常说，生存环境才是人类最好的教科书。

　　作为农耕文明社会，古代中国以种植业为主。因为气候原因，中国北方农作物多为一年一熟、两年三熟，农作物有小麦、花生、玉米、大豆；而南方则多为一年二熟甚至一些一年三熟，主要农产品有水稻、油菜、甘蔗以及各种各样的蔬菜。所以南方有多处被誉为"鱼米之乡"。

　　水路交通的便利，也让南部的商品经济远比北方发达，产生了大量的富商巨贾，这使南方人更早地接触商业规则等概念，所以，相较于北方人的讲义气，南方人更注重规则。

　　丰饶的物产，也使南方人在生活中更追求精致。中华美食八大菜系，南方就占了六席。南方人在饮食方面除了追求美味，更讲究美感及注重养生。比如南方人不但喜欢喝粥，还喜欢喝各种养生茶，并由此发展出茶文化。而大部分北方人喝茶只为解

渴，相比之下，他们更热衷于喝酒，一来酒可以驱寒，二来性格豪放的北方人更追求"酒酣人醉"的境界。

可尽管北方人嗜酒者多，但中国诸多名酒，如贵州茅台、泸州老窖、四川五粮液……却全产自南方。南方人的讲究在喝酒上也可见一斑。

在中国人的概念里，北方人高大勇猛，性格热情奔放，粗犷豪迈，但往往做事比较欠考量、更容易冲动。而南方人通常比较瘦小，性格更为含蓄内敛，心思细腻，行动之前往往会先考虑周全，小心谨慎。

这些性格差异，造成了中国南、北方人们不同的人生观。

北方人自古就骁勇善战，中国历代创业帝王，几乎都出自北方，历代王朝也大多定都北方。概因北方地域开阔，气候恶劣，中国古代北方人不但要长期与大自然抗争，还要抵御外来游牧民族的侵袭，这种生活造成了北方人行侠仗义、豪气冲天的个性特点。而南方经济富庶，生活安逸，所以才子、名士辈出。中国从唐朝到清末的科举考试中，江浙籍贯的文状元在人数上遥遥领先。

这也对应了自古人们的说法：北方有神韵，南方有风情。

中国南北方的差异还产生了一些趣事。

中国的普通话是以北方方言为基础，以北京音为基准音。所以，只要一开口交谈，北方人天生的语言优势就展现无遗，让南方人甘拜下风。很多南方人说普通话不分前鼻音和后鼻音，也分不清"L"和"R"。有一次，一位德国语言学校的老师告诉笔者，她班上有两位中国学生，一位德语说得很好，一位却总是发音不标准，尤其是"L"与"R"的发音听起来一样。

中国人一听就明白，大概一位是北方人，而另一位来自南方。

另外，不少北方人因学习或工作原因迁往南方，结果纷纷吐槽，南方冬天的冷，让他们难以忍受。

这是否很奇怪？因为中国北方冬天采用集中供热式的暖气系统，所以，室外大雪纷飞，室内则是温暖如春。所以，北方人更怕冷，这让瘦小的南方人又自豪起来，认为自己虽然个子矮，却既能耐高温，也能抗严寒，比北方人中用多了。

虽说中国南、北方人在一起喜欢相互斗嘴，开开玩笑，但总体而言，中国南北是相融共通的。哪怕中国人口口声声说："吃不到一起就住不到一起"，在现实生活中，以米饭为主食的南方人与以吃面为主的北方人通婚的大有人在。尤其是中国高铁的开通，让中国南北之间的大部分地区都可以朝发夕至，不少山东人早餐在父母家吃了"上马饺子"（山东人的风俗，离家外出要吃饺子），晚上就可以在广州自己家中喝到太太精心熬制的老火靓汤。

中国明代诗人高启曾憧憬："从今四海永为家，不用长江限南北。"诗人大概没想到，六百多年后的中国，已经可以东西南北任纵横。善于"求同存异"的中国人，正在南来北往的过程中，修筑一条属于所有中国人自己的道路。

江南水乡乌镇

赵芹章 / 摄

西北窑洞

赵芹章 / 摄

为什么地域的话题在中国引热议

中国清朝的乾隆皇帝下江南时，挥笔题写了一句：穷山恶水出刁民。直到今天，人们仍然对这个话题争论不休，想弄明白当年乾隆皇帝眼里的刁民究竟意指何处？好在当初乾隆只在江南几个地方转悠，要不然，这黑锅大概又会往很多人身上甩。

偏见是一种针对某人或某族群，缺乏客观依据的不公平、带排斥性的区别对待行为。地域偏见顾名思义，就是对某一地域人们的整体偏见。

地域偏见每个国家都有。就拿德国来说，东、西德之间因历史原因产生的分歧和隔阂暂且不提，德国北部与南部尤其是巴伐利亚州，双方在语言、饮食生活习惯和风土人情方面都存在较大的差异。尤其是宗教信仰方面，德国南部主要信仰天主教，北部则主要信仰基督教新教，为此公元1618—1648年双方打了30年仗，战争中日耳曼各邦国男性有将近一半阵亡。所以，至今德国南北双方仍对彼此存有严重的偏见。

回顾中国历史，地域偏见也是由来已久。

中国春秋战国时期，周朝天子只是名义上的君王，为争霸天下，各诸侯国混战不休。公元前546年晋楚两国平分霸权，一

223

北一南形成对峙局面。

楚国作为中国春秋战国时期的诸侯大国，主要雄踞南方，所辖领土包括今天的湖北、湖南全省，还有安徽、江西、贵州、河南、重庆的一部分。公元前 306 年楚国吞并越国后，又将领土拓展到今天的江苏、浙江、山东等地。

楚人好战，而且楚国语言与中原语言有着较明显的区别，所以楚人屡屡遭到其他诸侯国民众的嘲笑。《刻舟求剑》《画蛇添足》这些古代寓言故事中那些墨守成规、弄巧成拙的愚人形象多被编排在楚人身上。而楚人许行（战国时期著名农学家、思想家）因主张"君臣并耕"而被孟子讥讽为"南蛮𫛜舌"，大意是野蛮的南方人说话像鸟语。

除了楚国，地理位置处于今河南境内的宋国人和郑国人也属于屡遭"地域黑"的对象。像大家熟悉的成语故事《守株待兔》《揠苗助长》《宋人御马》等皆是对宋国人的挖苦和嘲弄。而宋国的邻居郑国人也"收获"不少，比如《郑人买履》《买椟还珠》，这些成语就是以郑国人为嘲笑对象，认为他们具有因循守旧以及舍本逐末的愚钝。

如果说某些偏见是因为人们的认知偏差而产生的无知行为，那么地域偏见则可以说是由人性而衍生出的一种本能反应，无关身份、学识、年龄。区别只在于程度的深浅，抑或是显于表面还是隐性为之。

就连被后世尊为"亚圣"的孟子都有对别人"南蛮𫛜舌"的

讽刺，更何况芸芸众生。而古代名人贤士的"地域黑"言论可以说俯拾即是。

中国宋朝，以王安石为首的新党与以司马光、欧阳修为代表的旧党，围绕是否改革产生了激烈的党争。主张改革的新党大都来自南方，而旧党出自北方。于是，党争演变成地域攻击，司马光向朝廷进谏时说："闽人狡险，楚人轻易。"这句话将地处南方的福建人、楚人全部包罗进去，一网打尽。

这种将一个地域的人全都刻板地打上某种烙印，贴上负面标签的行为，从某种意义上来说，是人类的一种生存策略，其缘于人们自身的安全需要和对自己利益的保护。

人类自古以来的战争，几乎都是以讨伐异类的名义发起的。"异类"可以是异教徒，而更多的时候则指向异族。

现代社会"族"的概念已非常宽泛，但在远古时代，"族群"的概念是非常狭隘的。为了生存，人们必须抱团。那些居住在同一地域的人们，大家说着同样方言，有着同样饮食偏好，彼此更容易产生亲切感和信任感，由此发展为地域认同感和归属感。

但对异乡人，人们则警惕地抱有一种本能的敌意并生出对抗意识。

大家不妨看看今天的足球场馆，每逢赛事，足球场馆都会把主、客场的球迷分开。若逢重要比赛，更是如临大敌般加强警力戒备。概因足球场往往是地域矛盾的延伸之地。在激烈竞争的社会环境下，尽可能地限制或排除外来竞争者，这是人的本性。

地域身份对一个中国人的影响体现在日常生活中的方方面面。比如一些用工单位招聘时明文规定，某地区人一律弃用；而个别地区甚至公开拉出横幅，坚决打击某某籍的犯罪团伙。

至于经济利益方面，有时候更是天壤之别。相同的工作，同等的工作量，相同的工作年限，仅仅因为工作地域不同，退休工资可能相差好几倍。

此类地缘因素与个人命运紧密结合的例子数不胜数。

在许多中国人眼里，每个地区的人无疑具有同样的共性，而大众媒体对这一大众认知也起到了推波助澜的作用。

一些原本全剧采用普通话的电影、电视剧，罪犯之间的谈话却别出心裁使用某地区方言；许多电视台的喜剧类综艺节目，也会经常使用某些特定方言，通过对这些地区的嘲笑来取悦观众。

而素来强调公平原则，标榜人人平等的西方国家，在中国似乎也加入了地域偏见的队列。户籍不同，中国人出国游的签证拒签率也截然不同。这似乎也说明，"地域偏见"是一种成本低却快捷高效的筛选标准。

或许能让人稍感欣慰的是，"地域偏见"并非是固化的，它是一个不断更新的动态。正所谓"三十年河东，三十年河西"。

今天的河南省是一个拥有一亿多人口的农业大省，占中国人口总数的 7.8%。作为华夏文明的发祥地，中国古代四大发明，河南占了三个：指南针、造纸、火药；中国八大古都，有四个在河南，其中洛阳是中国建都时间最早、时间最长的古都。

唐诗"春风一夜吹乡梦，又逐春风到洛城"（武元衡《春兴》），"悠悠洛阳道，此会在何年"（陈子昂《春夜别友人》），乡情悠悠，离情绵绵，都围绕着洛阳。作为盛唐东都，洛阳是当时中国人心心念念的城市。

而当今中国经济最发达的地区之一珠江三角洲，恰好相反，在古代曾长期是朝廷被贬官员的流放地。

在农业社会向工业社会转型发展的过程中，很多失去耕地且低学历的人们开始大规模地涌向外地讨生活。他们中的一些人因为没有一技之长，只能在他乡从事低端工作。在一个势利的社会，从事低端工作难免遭到别人的冷眼和歧视。一个长期得不到尊重的人很容易自暴自弃。

当负面的个案越来越多地见诸媒体，民众就对某一地区整体产生了偏见，偏见又进一步带来误解和歧视，这就成了恶性循环。

对于这种加注在个人身上的集体标贴，人们应该以客观、理性、宽容之心去平等对待每一个人，政府也应出台相关政策以缩小地域差别。

对于饱受地域偏见的人们来说，最好的办法就是让自己变得足够优秀，这是对地域偏见最好的反击。一人之力或许微不足道，但十个、百个、成千上万个卓尔不群的人，就像点燃的火种，汇集在一起，其光亮足以驱散人们心中因恐惧、愤懑形成的阴霾，给人以温柔和希望。

渴　望

罗宏 / 摄

为什么不少中国婚姻里仍然存在男女不平等

中国唐代四大女诗人之一的李冶有首《八至》诗,诗中有一句"至亲至疏夫妻",指出世界上最亲密也是最生疏的是夫妻。

一千多年后,中国著名作家钱钟书先生在 1947 年写了本家喻户晓的书《围城》,书中才女苏文纨有一句台词:"(婚姻围城)城里的人想出去,城外的人想冲进来",至今被人们津津乐道。

可见,世事变迁,但婚姻的写照却亘古未变。

中国古代男子称自己的妻子为"内人",妻子则称自己的丈夫为"外子",一内一外,虽说代表社会分工的不同:"男主外,女主内",但现实生活中,婚姻这座"围城"对于不少被称为"外子"的丈夫们来说,无非是多了一道上锁的城门,钥匙揣在身上,照样进出自如。很多成家后的男子,平常不管有事没事都有万千的理由和借口在外面耗着,最为冠冕堂皇的理由就是:男子汉大丈夫当志在四方,岂能耽于儿女情长。

但被称为"内人"的妻子们则不同。中国社会对婚后女子的要求是"贤妻良母",这个"贤良淑德"的标准,承袭自古代,虽有进化,但几千年文化的熏陶和渲染,早已融进血液,刻入骨髓。

直到 1949 年新中国成立，之前几千年中国婚姻奉行的都是一夫多妻制，或者准确地说是一夫一妻多妾制婚姻。

古代中国男子通常有一位明媒正娶的原配夫人，这是男女双方遵从"父母之命，媒妁之言"缔结的婚约，其中有不少是年幼时就由父母订下的亲事。大婚之后，男子可以根据自己的偏好和家庭经济条件再另行纳妾，这些小妾大多出身寒微甚至低贱。

中国古代这种婚姻制度，满足了中国古人崇尚多子多福的愿望。而婚后男人一妻多妾的结构，巧妙地将两性之间的矛盾转移成了女性之间的矛盾。女子们为了争夺丈夫的恩宠而使尽浑身解数。同时，又因为古代妻与妾有严格区别，妻生育的子女为"嫡出"，妾的子女为"庶出"，虽都被视为家庭成员并拥有财产继承权，但两者获得的社会地位及尊重有巨大的差异。所以，作为正妻的女子，为了维护自己和孩子的地位和权益，往往通过隐忍来展现自己的大度和包容，从而赢得夫家的敬重与赞誉，这成了中国古代妻子们的生存法则。而小妾们因为社会地位的低下，大多数更是过着仰人鼻息、忍气吞声的日子。在这种婚姻里自然没有平等，也难以拥有尊严。

古代中国皇帝更号称后宫拥有佳丽三千。皇帝有一位因政治联姻而迎娶的妻子，被尊为"母仪天下"的皇后；皇帝的妾室称为嫔妃。皇后掌管后宫，也就是替皇帝管理他的众嫔妃们。中

国自古以来被后世誉为"贤后"的，全都属于不干预朝政、贤淑大度的女子。

东汉女史学家班昭（约45—约117年）曾著有《女诫》，书中强调女子应清醒自己的性别角色，以顺从为天职，在家应该绝对顺从丈夫和婆婆。这点非常符合中国"男尊女卑"的传统观念。孔子在《易经·系辞》中论述："天尊地卑，乾坤定矣……乾道成男，坤道成女……"男人要像天一样，天行健，君子以自强不息；女人则要如大地一般，顺从承受天的意旨，谦卑包容，载万物、育万物、养万物。

班昭的言论因为与儒家思想高度一致，所以受到当时的朝廷大力推崇，其本人被多次请到宫庭内为皇室女子授课，而这本《女诫》对中国女子思想上的影响绵延至今。谦卑与包容在中国历来被视为女子必备的妇德。

传承美德固然重要，问题的关键在于，一方一味地包容往往容易演变成另一方的肆无忌惮以及对包容方的轻视。

比较具有讽刺意味的是，自古至今，秉持重男轻女观念的，不少正是女性本身。曾有不少现代女性哭诉，在中国实行独生子女政策的年代，当她们的婆婆知道新出生的婴儿为女孩时，在产房外掉头就离开。至今，各项统计数据显示，紧张的婆媳关系在中国居高不下的离婚案例中占有三分之一的责任。

中国有句俗话："多年的媳妇熬成婆。"许多婆婆在年轻时遭到男方家族尤其是丈夫妈妈的不公平对待，所以，当她们自己的儿子娶了媳妇后，她们就会将过去自己遭受过的痛苦转加在儿媳妇身上，从受虐者变成施虐者。如此这般，代代承袭。

当然，在当今社会，强势媳妇虐待婆婆的事例也不少。

对此也只有感叹：女人何苦为难女人？

中国重男轻女现象当然还有其他历史原因。中国几千年一直是封建农耕社会，在以体力劳动为主的农村，体力上明显占优势的男人，无疑更受重视。同时父系社会的传宗接代观念，也使中国家庭对生育男孩寄予更多的期望。

也因此，1980—2015 年，中国实行计划生育独生子女政策的35 年间，中国男性比女性多出了 3000 多万人。2016 年底中国男女人数分别占全国总人口数的 51.2% 与 48.8%，男女比例失衡成了中国严峻的社会现象之一。一些"光棍村"的出现，使得拐卖妇女的犯罪活动屡禁不止。这些被拐卖的妇女，通常被丈夫家族完全视作商品，而没有丝毫的权利。

相较之下，那些受过良好教育、经济独立收入高的职场女性，较容易捍卫自己的权益。她们因独立而带来的自信也使她们更能赢得社会和男方家族的尊重。

而那些低学历、低收入甚至无经济来源的女子，婚姻则成了她们改变命运的跳板。许多人不惜委曲求全，事事迁就，来维持婚姻的稳定。

随着中国农业朝机械化和自动化方向发展及推进，男人体

力上的优势变得不再明显，信息化、智能化的社会里，女人与男人的天生差异被愈发缩减。当更多的女孩走进校园接受教育，越来越多的女子走出家门成为职业女性，中国五千年根深蒂固的重男轻女观念开始悄然改变，而女性经济地位的提升也渐渐打破了婚姻中的性别不平等。平等和谐的两性关系成了许多中国现代男女青年的婚恋观，尽管要达到完全的男女平等，仍然有漫漫长路要走。

回　家

赵芹章／摄

为什么中国父母被称为"虎妈""狼爸"

现代人谈及儿童教育，词语"虎妈"与"狼爸"一定会进入热搜。"虎妈"与"狼爸"大意是指采用严苛的标准培养、教育自己的孩子。这词究竟是如何创造出来的，又从何时起开始成为全球聚焦的争论点，估计难以考证。2011年，美国耶鲁大学华裔教授蔡美儿的育儿书《虎妈战歌》出版，一时间，德国报纸、杂志、电视出现大量围绕"虎妈"的讨论。不过，名为"讨论"，实则为声讨。节目主持人、受邀嘉宾，几乎是一边倒地批评"虎妈"式教育，认为这种带有强制性的令孩子服从的教育方式，会扼杀孩子自由的天性，这样培养出来的孩子不但失去了童年应有的快乐，还可能导致身心健康出现问题。

对这种一边倒的舆论，笔者不解地询问德国人：难道批评"虎妈"式教育，也被归纳进"思想正确"的范畴了？

作为高级动物的人类，喜欢将人类社会中一些丑陋现象冠以低级动物的名号。比如：狐朋狗友，狼心狗肺……

可自从我们家收养了一条小狗之后，笔者发现"狗肺"之词用来比喻贪婪凶狠简直是大错特错，狗的行为与这种描述毫不搭界，甚至恰恰相反，与狗为友是一件很愉悦的事情。

所以，大自然里，"虎妈"与"狼爸"也并非贬义的存在。

老虎妈妈对待小老虎充满了母爱的温馨；至于狼爸，带领自己的家族呼啸山林，更是家庭的核心所在。所以，哪怕从词意本身而言，对"虎妈""狼爸"的谴责也是出于人类本身的偏见。

言归正传。中国"虎妈""狼爸"可谓有着悠久的历史。

中国的传统儿童启蒙教材《三字经》里开篇就写道："人之初，性本善。性相近，习相远。苟不教，性乃迁。教之道，贵以专。昔孟母，择邻处。子不学，断机杼。窦燕山，有义方。教五子，名俱扬。养不教，父之过。教不严，师之惰。子不学，非所宜。幼不学，老何为。玉不琢，不成器。人不学，不知义……"

著于宋代的《三字经》，在中国可谓妇孺皆知。按照现代标准，这开篇提到的孟母以及窦燕山，该属于古代的"虎妈""狼爸"代表。

孟子 3 岁丧父，孟母首先把家迁在墓地附近。见孟子整天学着别人哭哭叫叫，就把家搬到集市附近。结果，孟子又跟着商贩们学吆喝，于是孟母再次搬迁，把家安在学堂旁边。

"孟母三迁"只为了让孩子有个好的成长环境，而在孟母的悉心教导下，孟子成了仅次于孔子的中国古代著名的思想家、教育家，被尊称为"亚圣"。

而中国五代后晋时燕山府的窦禹钧，育儿有方，他的五个儿子都成了国家的栋梁。

大家学中国历史，都会知道中国古代有四大贤母，她们分

别是前面提到的"择邻而居"的孟母、"封坛退鲊"的东晋名将陶侃的母亲、"画荻教子"的北宋政治家、文学家欧阳修的母亲、"岳母刺字"的南宋抗金英雄岳飞的母亲。这四位母亲虽都家境贫寒，但贤德智慧、教子有方，她们的故事也在中国被千古传颂。

这些典故不仅参与塑造了中华民族精神的一部分，更着重强调了后天严格教育的重要性。所谓再好的美玉，如果不经过打磨、精心雕琢，就无法成为有用的器皿。

东西方围绕"虎妈""狼爸"争论的焦点大概在于：孩子的兴趣和意愿是否应该得到尊重？孩子在未成年前是否应该拥有自己做选择的权利？中国父母"望子成龙、望女成凤"的心愿和付出的努力，难道仅仅只是自私和专制的表现？

不管如何受到指责，中国父母坚持认为，贪玩、放纵是孩子们的天性，父母有责任去约束孩子们的不良习性，激发出他们生命的潜能和内在的动力。而让孩子放任自流，才是不负责任的态度。

当代最杰出的钢琴演奏家郎朗的父亲，大概算得上"狼爸"的代表。他辞职陪伴儿子练琴，严苛的管教曾让郎朗近于崩溃，但最终儿遂父愿，郎朗被誉为"当今这个时代最天才、最闪亮的偶像明星"。

笔者曾经与德国一位钢琴演奏家交谈，谈及郎朗，他肃然起敬，那是同行对高手的膜拜。他认为世上像郎朗的童年一样，具有音乐天赋的孩子应该有不少，但郎朗爸爸类型的"狼爸"却稀有。

当全世界为郎朗喝彩时，是否有人会想到那位陪伴郎朗成长的中国"狼爸"？正是他成全了郎朗的今天。

西方国家提倡尊重孩子的独立个性，这固然没错，但尊重绝非放任。真正的尊重应该是因势利导。

人生百年，用十几年的辛苦换来以后若干个十几年选择的自由，这道"算术"孩子们没有阅历，当然看不明白，但作为过来人的父母却看得真切。如果家长不尝试鼓励孩子去挑战自己所能，不强制他们让高度自律成为人生一种良好的习惯，那么他们成年之后就不得不面对激烈竞争的残酷，感受到无所选择的痛苦。

中国有句俗话："人生莫受老来贫。"给孩子们一个无忧无虑、幸福快乐的童年固然重要，但未雨绸缪，让孩子们能拥有一个自尊自强的美好未来，更体现了父母的睿智和内心的强大。正如许多中国父母对孩子说的那样：孩子，我宁愿你的童年过得辛苦，而不愿想象你的老年过得卑微。因为童年哪怕再辛苦，始终还有父母陪伴在身边，为自己的孩子遮风挡雨。

"虎妈""狼爸"的特点之一是对孩子教育不计成本的投入。中国父母常常会节衣缩食，只为了让孩子接受更高质量的教育。比如能进入更好的学校，参加各式各样价格不菲的校外学习辅导班。以致美国名校要对华裔学生的录取做出限制，华裔学生的

SAT 成绩必须比其他族群平均高出一百多分。

当然，如果仅仅只是采取严苛的教育方式，对子女寄予厚望，自己却耽于享乐，这绝非称职的"虎妈""狼爸"。充其量，无非是希望借助儿女成名，让自己门楣生辉，或让孩子替自己实现未竟梦想。这归于自私也不冤枉。

优秀的父母，往往自身拥有高度的自律。他们以身作则，向自己的孩子们展示什么叫作"毅力"和"自控力"。

笔者认识一对中国夫妇，他们有一男一女两个孩子。去他们家拜访的客人都会发现，他们家里居然没有电视机。每天早晨6点钟，父母都会带着孩子沿着家附近的湖边晨跑；每天晚餐后，是全家的阅读时光；周末则一起或骑车郊游或挥汗球场；父母从不在孩子们面前玩手机……十几年如一日，一对儿女皆出类拔萃。

这看似一条苦行僧般的陪孩子修行之路，肩负家族荣誉的中国父母们已经前赴后继走了几千年。

不过对于"虎妈""狼爸"来说，最大的挑战在于，他们是否能让自己的孩子始终感受到，藏在严苛教育的背后，那份拳拳的护犊之心，浓浓的父母之爱。而这点也往往决定了，在"虎妈""狼爸"的精心栽培下，孩子究竟是能成为一位优秀的、能担当的栋梁之材，还是一个因为不快乐的童年而愤世嫉俗，终生郁郁寡欢的悲情者。可谓"或成于此，或毁于此"。

教室里的小学生们

李志光/摄

为什么很多中国人是多重信仰

中国人初到欧美，经常在填写各类表格时会感到困惑：宗教信仰一栏，自己究竟该怎么填？很多人想了想，干脆填"无"。

但中国人真的没有信仰吗？

中国的学龄儿童自踏进校园起，接受的就是唯物主义思想教育，彻底否定超物质的神灵，也就是说学校培养孩子们树立无神论的世界观。

当孩子们放学回到家里，尤其是那些三世同堂、四世同堂的大家庭，又是完全不同的光景。这些因父母工作繁忙而通常交由祖父母或外祖父母照看的孩子，从小就听老人教导："举头三尺有神明"，若淘气做错了事情，外婆或者奶奶有时还会双手合十，口里念叨孩子不懂事，请神明宽恕。在这种环境下长大的孩子，常常会因此生出对天地、对自然界的敬畏之心。

如果按照是否心存敬畏来判断信仰，那么绝大多数的中国人总体来说还是有信仰的。

由西方人撰写的书籍，喜欢定义中国人为"偶像崇拜"。这大概是因为西方大多信奉基督教或伊斯兰教，这两大宗教都强调世界存在唯一的神。所以，西方人的概念里信仰具有排他性。

当西方人来到中国，参观大大小小不同的庙宇时，看到里面供奉着不同的神明。尤其是当他们听说一些中国古代的英雄豪杰、受人尊敬的民间人士，也被人们迎进寺庙奉为神祇，受到民众的奉祀，西方人自然会做出中国人属于"偶像崇拜"的判断。而中国人的"祖先崇拜"，客家人祭祀祖先的家族宗祠等现象，也让西方人感到困惑。

如果说信仰是为了解决人的精神需求，那么几千年来，中国人始终徘徊在信仰与现实之间，寻求着自我救赎。这也形成了中国人信仰方面的特点：多元性和多重性。

一个传统的中国人，他（她）很可能受家庭熏陶，从小用儒家思想来指导自己的言行；在生活中又可能受某位自己敬重的家族长辈的影响，笃信佛教；长大后，面对尘世各种喧嚣和压力，失意消沉时会转向道家寻求安慰。也就是说，一个中国人很可能同时是儒家弟子、佛教徒、道教徒，所谓三教合一。

西方人难以理解这种多重信仰的做法。但对中国人来说，这并不矛盾，他们在各种宗教、多重信仰中寻求灵魂的出口和救赎。

中国本土宗教有两种：儒教和道教。

首先，形成于公元前 5 世纪前后（春秋末期）的儒教，从严格意义上来说，或许它只能被称为儒家思想或儒家文化，而不能算一门宗教，因为儒教并不相信超自然力。

儒家思想两千多年来一直是中华民族的一种精神信仰，儒家文化的传播对中国以及一些东亚地区国家产生了深远的影响，

其受众群体不分男女老幼、富贵贫贱。

儒家思想以"仁、义、礼、智、信"为核心，注重"修己"，即提高自身修养。同时它强调"忠""孝"，即民众要保持对朝廷的忠心，对父母的孝顺。这种思想体系自然得到了中国历朝历代统治阶层的推崇，其被默认的国教地位，虽也曾被道教替代过，但总体而言，儒教对中国人思想、人格的塑造，超过任何其他宗教。儒家的创始人孔子，更被全世界公认为伟大的思想家、教育家。

比较有趣的是，德国一些电影、电视剧中，常常会冷不丁地冒出一句："中国孔子说……"让人联想起中国文言文里面经常出现的"子曰：……"

中国为了推广汉语、增进世界对中国的了解而在全球设立的 500 多所语言学习机构，就冠名为"孔子学院"。

另外一个中国本土宗教为道教，道教从原始社会时期的崇拜天地、自然与鬼神逐渐发展成倡导诸事顺其自然，顺从天地，讲究"天人合一"，追求人与自然的和谐。

中国古代最强盛的朝代唐朝一直奉道教为国教。

道教的影响力虽然远不及其他宗教，但道教教主老子所著的《道德经》，据说是除了《圣经》之外，被译成外国文字发行量最多的著作。对中国文化感兴趣的人士，不妨多读几遍仅有5000 来字的《道德经》，这本书浓缩了中华民族许多宝贵的智慧，对中国人的处世态度产生了十分重要的影响。

　　说到信仰，自然无法回避世界三大宗教：基督教、伊斯兰教、佛教。这三大宗教目前各自被一些国家列为国教。

　　先说说源自古印度的佛教对中国的影响。

　　目前在中国自我认同为佛教信仰者的人数约占总人口数的18%，这个比例当然远远低于一些东亚及东南亚国家，比如泰国佛教徒占比将近 95%。

　　但中国拥有庞大的人口总量，18% 意味着 2.466 亿人，中国佛教徒从人口数而言，绝对名列世界第一。因为另一个人口大国、佛教起源国印度，佛教信徒占比不到百分之一。

　　虽然中国本土宗教儒教、道教能在精神上部分地满足中国人的需求——人们或按儒教要求"修己以敬"，守着自己的仁忠孝悌本分；或修习道教，淡泊明志，超然尘世之外——但人们仍然会产生为何众生不平等的困惑。公元 1 世纪开始传入中国的佛教，其"缘起论""因果论"对此做出了逻辑缜密的解答。当历史进入政治环境最宽松、文化政策最开明的唐代，尽管当时奉道教为国教，但唐朝不少皇帝对佛教也采取欣然接纳的态度。中国家喻户晓的古代四大名著之一《西游记》中，中心人物唐僧的原型就是玄奘。玄奘于公元 629 年从唐朝首都长安（今西安市）出发，前往印度（唐代称印度为天竺国）考察学习佛经，公元 645 年携带 657 部佛经回到长安，受到唐太宗的接见。佛教在中国唐代开始兴盛。

　　虽然绝大多数中国人并不真正相信来世，但佛教的"善恶因

果""缘起性空"理论给了中国广大民众极大的精神慰藉。而今的中国，佛教的庙宇遍及大江南北。虽然很多中国人进庙烧香拜佛似乎有着明显的目的性和功利性，比如为了求子、为了仕途腾达等，但无可否认，庙宇的香火袅袅中，民众举止神态中充满信徒的虔诚。

基督教也在唐贞观九年（635 年）传入中国，但一直未能像佛教那样在民间广泛传播。1289 年罗马教皇向中国派遣了第一位正式来华的天主教传教士。到了明朝末年，中国出现了一位著名的天主教徒，大概也是中国第一位受洗天主教徒，官至礼部尚书兼内阁大学士的徐光启（1562—1633 年）。手握相权（明朝不设丞相）的徐光启皈依天主教，不但让基督教在中国社会得到快速传播，也使更多的西方科技得以经西方传教士引进到中国。

19 世纪，闭关自守的清朝被迫打开国门，随着大量英美传教士的到来以及中国海外留学生的学成归国，基督教信仰尤其是新教教派在中国社会开始大规模传播。周日礼拜，中国的基督教礼拜堂常常是座无虚席，有些教堂甚至不得不要求教徒们按照不同的时间段分批前来。这与德国教堂经常出现的民众稀少现象形成鲜明对比。

同样是在文化政策极度开明的唐代，唐永徽二年（651 年）伊斯兰教开始在中国传播。当时奥斯曼帝国派遣唐使前来觐见中国皇帝，并获中国皇帝许可在中国传播伊斯兰教。后来随着丝绸之路的开辟，大量的穆斯林商人纷纷来到中国，唐朝在 8 世纪修建了中国第一家清真寺长安清真大寺，作为穆斯林宗教活动的场所。

当欧洲社会因为难民危机而出现反穆斯林、拆除清真寺现象时，万里之外的中国仍然是一幅各民族各宗教相互宽容、和谐共处的画面。

纵观中国几千年文明史，从未因为宗教信仰不同而发生过讨伐"异教徒"的宗教战争。原因之一应该是中国几千年皇权统治，虽然皇帝们喜欢称呼自己为天子，即"上天的儿子"，发布诏书时喜欢使用"奉天承运"的开头套语，但宗教在中国从未曾凌驾于皇权之上。各类宗教为了能在中国得以生存与延续，就必须与皇权配合而非抗衡，并因此做出相应的调整和妥协，从而烙上中国化的特征。

另外，正因为中国在信仰方面的多样性、多重性，形成了中国人几千年来在宗教文化方面的宽容性。换句话说，中国人并不缺乏信仰，但皇权至上给中国社会及中国人带来了极大的影响，包括宗教方面。相较于宗教信仰通常强调的自律克己，中国人似乎更乐于追求和享受世俗的快乐，或许用一个名词可以更好地来进行概括：世俗化的信仰者。

杭州灵隐寺

罗宏/摄

实践篇

为什么这些东西不能作为礼物送给中国人

为什么很少有人知道足球诞生于中国

为什么说智能手机改变了中国人的生活

为什么中国合伙人让人欢喜让人愁

为什么"内外有别"在中国那么明显

为什么中国人不爱多管"闲事"

为什么说诚信建设任重道远

为什么西方散布"中国威胁论"

为什么上海被称为"魔都"

为什么中华文明得以源远流长

为什么这些东西不能作为礼物送给中国人

中国自古以来一直强调礼仪，又因为受传统文化的影响，形成了注重礼尚往来，人情浓郁的社会风俗。其中，请客送礼，构成了中国人际交往中用以维系和增进彼此感情不可或缺的一部分。

《诗经》（创作于公元前 11 世纪到公元前 6 世纪）中就写道："投我以木瓜，报之以琼琚。匪报也，永以为好也！投我以木桃，报之以琼瑶。匪报也，永以为好也！投我以木李，报之以琼玖……"诗中的木瓜、木桃、木李都是同类果子的名称，而琼琚、琼瑶、琼玖都用来表示美玉。意指你送我果子，我以美玉回赠，不是为了回报，是希望彼此永久相好！

从物品的实际价值来看，果子与美玉自然相差很大，这首三千多年前的诗歌，体现的恰恰是，送礼并不是那种商业活动中的等价交换，而是为了表达一份"千里送鹅毛，礼轻情义重"的心意。

既然礼物在中国社交生活中占有重要一席，那么，送礼也有不少讲究。尤其值得注意的是，因为风土人情的原因，有些东西在中国属于送礼的禁忌，大家还是谨慎行事为妙。

钟。因为送钟与"送终"谐音，似乎寓意让别人早死。所以，钟是绝不能当礼物赠送的。还有些地方因为表与钟的作用相似，所以，也忌讳将"手表"当作礼品。

伞。伞与"散"谐音。中国人自古珍爱"团圆"，对"离散"深恶痛绝。这也导致与"散"同音的物品常常遭到冷遇。在中国，送伞给别人往往会被当作不礼貌的举动。如果遇到下雨天，人们通常会"借"出一把雨伞。用"有借有还"来回避"散"的不吉寓意。

水果中的梨与李子。这与上述不能送伞是同样的概念，因为"梨""李"，与分离的"离"谐音。在国内，主人招待客人吃梨时，不会当着客人面切分梨，也是因为分梨如同"分离"。

鞋。鞋与"邪"谐音，有些迷信之人认为，送鞋等同于将邪带给别人。另外，也有人认为，鞋穿在脚上，越走越远，情侣之间若互相送鞋，会令关系疏远。

但对此，某些地区又有截然相反的说法。人们认为鞋与"谐"同音，代表和谐。女子将自己亲手缝制的布鞋或绣花鞋送给男子，作为一种"定情物"，表达自己的爱慕。通常女子还会在鞋子上系上一只小铃铛，铃铛发出响声，意寓"想念"。比如广西壮族，小伙子会向心仪的姑娘索要布鞋，若姑娘也有意，就会精心缝制一双布鞋相送。

所以，对于这种不同地区，意喻可能完全不同的物品，送礼的当事人最好先了解清楚，以免贸然行事而造成尴尬和误会。

　　蜡烛。西方国家人们有时喜欢互送香烛作为礼品，而中国人可能对这就会大皱眉头了。概因蜡烛通常被人们在祭拜先人时使用。

　　毛巾、手巾。毛巾作为馈赠禁忌主要是在港台地区。因为在港台及国内其他一些地区，毛巾通常被用作给吊丧者的回敬品，所以，在一些场合，人们十分忌讳把毛巾当作礼品。

　　厨房用的刀具，像剪刀、厨刀等。很多国人尤其喜欢德国产的厨用刀具，但刀具一来属于凶器，另外，人们普遍认为刀具作礼物会令人想到"一刀两断"。所以，有些人送刀具给朋友，会象征性地收一元钱，代表刀具是朋友自己买下的。

　　布偶。西方人士喜欢将布偶玩具当礼品送给小女孩。但在中国，布偶玩具却不怎么受欢迎。因为布偶犹如小人，送"小人"给别人，许多收礼方认为这会造成自己家里鸡犬不宁，是一种添乱行为。

　　以上列举了一些送礼时需谨慎对待的物品供大家参考。因为地域的差异，方言的区别，一些地方还有特殊的讲究。比如，不喜欢人家送书给自己作为新年礼物，因为"书"与"输"谐音。中国人喜欢说新年新气象，新年大家都想讨个吉利，求个好兆头，当然也就不喜欢"输"（书）。

　　笔者曾经与德国一些朋友谈及中国在送礼方面的讲究，他们听到这么多禁忌都懵了，不约而同提出，你干脆直接告诉我们哪些东西适合被用来当作礼品。

　　中国人素有"知恩图报""投桃报李"的文化和情结。礼物作为心意的表达，不在丁价格而在乎情义，所以，合对方心意永远是最佳选择。但要做到这点，并不容易。

　　通常来说，女士们较喜欢化妆品、丝巾、香水；男士则偏爱商务笔、公文包、汽车模型；孩子们钟爱德国产的画笔、学习用具；老年人是德国保健品的拥趸。

　　当然如果你一贯洒脱，不拘形式，也可以像中国古人那样"江南无所有，聊赠一枝春"，将一枝亲手摘下的梅花寄给远方的友人，传递春天的祝福。因为，礼物之真正可贵，在于让收礼人明白，他（她）始终在你的心里占有一席之位。

开心过年的小孩

赵芹章 / 摄

为什么很少有人知道足球诞生于中国

2018 年的足球世界杯，英国国家足球队表现出色，"Football Is Coming Home"（足球回家）唱响英国，并为全球球迷熟知。英国人希望把大力神杯捧回自己的国家——这个现代足球的起源地。几乎没有人留意到，每一场比赛现场，还有那么一大群球迷，当其他人热议"足球回家"时，他们脸上是掩不住的黯然神伤，作为中国人，他们知道足球还有另外一个家：中国。

迄今为止，世界杯的冠军榜上已记下了八个名字，英国名列其中。尽管英国足球队唯一的一次捧杯是"遥远"的 1966 年，但它始终占据着足坛强国的一席之位。但中国呢？或许正基于此，素来对中国古代文明引以为傲、如数家珍的中国人，却唯独对足球起源史三缄其口，表现出难得的低调。

关于足球起源，世界诸国曾各执一词，2004 年国际足协经过多方论证，最终确认中国为足球起源地，算是尘埃落定。

根据中华文献典籍《战国策》的描述，春秋时期（前 770—前 476 年），中国古代齐国都城临淄（今山东临淄）流行蹴鞠活动。蹴代表踢的动作，鞠则是用牲畜皮和毛制成的古代足球。而《史记》对蹴鞠活动更是有详尽的记载。在古代中国，人们通过

蹴鞠运动来训练士兵，其运动方式已具备现代足球的雏形。蹴鞠运动的场地为东西方向的长方形，人们分成两队进行比赛，每队六人，比赛设有裁判并有一定的规则。双方互有攻守，当时人们把球门称为鞠室，把球踢进对方的鞠室当中算取胜。

士兵服完兵役，也将蹴鞠运动带到了民间，到了汉代（前202—公元 220 年），蹴鞠在中国已成为一种时尚的大众化运动项目，就连女子也参与其中。据中国古书记载，唐宋时期，皇宫中的宫女、妃子们经常在一起玩踢球游戏。中国古代画像中，多次出现女子与孩童蹴鞠的场景。

中国蹴鞠运动一直延续到清朝（1636—1912 年），其间虽有盛衰起伏，但无论是宫廷还是民间，都有一大帮蹴鞠爱好者。

满族统治的清朝，为巩固皇权，在中国实行"愚民、弱民政策"，那时候的中国，不但文盲率特别高，中国人还被讥讽为手无缚鸡之力的"东亚病夫"。那时候，可以强身健体、磨练意志的蹴鞠运动已退出了历史舞台。

而与此同时，在遥远的西方，不但工业革命从英国扩散到整个欧洲大陆，使社会发生了巨大变革。1863 年，现代足球也在英国诞生，英国人制定了现代足球游戏规则而被称为现代足球的鼻祖。从此，世人大多只知英国为足球的家乡，而少有人知晓两千多年前古代足球的起源地中国。至于中国人，愧于而今十三亿九千多万人，却无法拥有一支场上十一人的足球强队，也因此一直羞于在人前提及曾经的足球辉煌。

但中国人骨子里对足球的激情与热爱却从未消失过。

作为一个外国人，如果刚到中国，想和中国人尤其是中国男子聊点什么来联络感情，足球应该是个不错的话题。若碰巧你又来自德国、法国、意大利、西班牙、英国这样的欧洲足球强国，你会发现那个平常严肃甚至有点一本正经的男子，几杯啤酒下肚，眼里即刻流露出对你的无比羡慕，滔滔不绝地打开了话匣子。大概除了女人，世上再没有什么能比足球更让中国男人爱恨交织的了。

中国球迷都是"懂球帝"，关于足球的战略战术、各类足球场上的数据分析、各国球星的特点，在他们那都是娓娓道来，让人感觉没请他们当教练，简直是埋没人才。俗话说"场上十二人"，中国球迷们永远是最有激情的场上第 12 位球员。

一年又一年，中国国家队的官方微博上始终没能出现胜利者的凯旋，刷屏的始终是每次重要赛事后刺目的"对不起"。足球世界杯四年复四年，国家队主教练频繁地换，许多世界级名帅踌躇满志而来，败走麦城而归。看台上当年风华正茂的年轻人如今已双鬓染霜，但他们牵着年幼孙子的手，仍在为中国队冲击世界杯呐喊助威。

中国足球状况低迷，当然也不是没有原因的。

从清朝灭亡到今天，不过一百年。这一百年，中国经历了太多的战争、运动，动荡不定的年代，人们首先要解决的是躲避战火和温饱问题。直到 1978 年，中国开始实行改革开放，民众生活才趋于安定并向富足迈进。

但也在 1978 年，中国开始实行计划生育政策（2016 年国家重新放宽生育条件，实行全面"二孩"政策），使中国家庭出现了特有的 6+1 现象：父母加上祖父母、外祖父母六位长辈共同呵护一个孩子。

独生子女在家中自然备受宠爱，长辈们不舍得让孩子去冒可能受伤的风险。即便有孩子得到酷爱足球的父亲的支持，也过不了祖父母那一关。对受伤及耽误学业的忧虑，使中国家长们出面干涉孩子们的踢球爱好。

德国人口 8100 多万，中国人口总数是德国的 17 倍多，但中国踢球的人数远远少于德国。

德国绿茵足球场到处可见，国家从少年群体开始层层选拔，每个城市、每个区都有正规的足球俱乐部，按年龄段分组，有些同年龄组还分 A、B 二队。孩子们每周两次集中训练，周末则是各俱乐部循环比赛，比赛往往是风雨无阻。这种筛选制度为德国国家队囤积了大量后备人才。

反观中国，各地有限的绿茵场上，举目望去，更多的是跑得气喘吁吁的中年大叔们，他们的学龄孩子们此刻正在家里应付繁重的课外作业。

再说说球员的素质。

中国运动员似乎总是欠缺团队合作精神，他们更注重自我的体现。而足球运动恰恰是一种对抗性强的集体运动，队员们需要通过默契配合去战胜对手。毕竟像罗纳尔多、梅西这样凭一己之力可以力挽狂澜的天才球星堪称极品，可遇而不可求。

清朝的"愚民、弱民政策"，不但降低了民众的体力，也拉低了民众的智力。清朝的文字狱贯穿整个二百多年的封建统治。为了避免受牵连，中国人形成了明哲保身、单打独斗的性格特点。

所以，对于广大的教练们来说，中国足球人才的培养不仅只是技能的提升，而且还需要精神上的熏陶。相比之下，后者的难度显然更大。

曾经的美好，哪怕姗姗来迟，毕竟已镌刻在中华民族的记忆里。相对于"民族崛起"一词，中国人更喜欢将之称为"民族复兴"。这其中也包括中国人热爱的足球文化。

2010 年中国加大力度整治足坛，全国大范围扫赌打黑，多名足球圈内人士包括高层官员因涉嫌违法被拘捕。

中国各地积极筹建足球俱乐部，足球俱乐部纷纷开出天价引进外援。根据他们的设想，更具观赏性的足球赛事会进一步提升球迷们的兴趣，促进足球运动的普及。

各类足球学校也开始在中国兴办，足球运动被纳入很多中小学的体育课程。

2018 年中国举办了首届中国城市少儿足球联赛，参赛队员年龄范围为 8 岁至 12 岁。"快乐足球"概念开始在中国被频繁提及，激发孩子们的运动兴趣被列为校园文化的一部分。人才培养

是一个长期的、持续的过程，而他们是中国足球的储备力量和未来的希望。

　　2018 年 9 月国际足协公布的最新世界排名，中国位居世界第 76 位。但"严冬"已经过去，相信迟早有一天，中国人能高唱着"欢迎足球回家"，捧回属于自己的大力神杯。

足球少年

李志光 / 摄

为什么说智能手机改变了中国人的生活

"下次你回国时，一定要教会我手机的各种功能。"微信视频时，老父亲这样叮嘱笔者。笔者问父亲为何以前他兴趣不大，如今却急于想学？"哦，你不知道，我与你妈妈购物时，大家都是掏出手机扫一下二维码，只有我和你妈妈还在用现金。还有上次要付一笔钱给你阿姨，我们去银行柜台，结果你阿姨问我们为何不用微信转账或支付宝支付，说这种小数目，手机上设置一下，她那边马上就到账了，看来我和你妈妈太落伍了。"

这确实是目前绝大多数中国人的生活写照。每人出门只拿一部手机，无论是购买电视机之类的大件还是菜市场几块钱的蔬菜，都有商家提供的二维码，手指头动一下，就完成了交易。拥有几千年历史的"小偷"职业，警察们穷追猛打也没效果，现在却似乎要在神州大地绝迹了，功劳自然要归功于手机中的"微信支付"和"支付宝"。

在国外生活时间长了，又没国内手机号和银行卡的人们，一到中国就傻眼了。与朋友们吃完饭刚要掏钱，被好客的朋友们伸手拦住，"我们用支付宝付，不但便利还有折扣优惠。"酒酣饭饱准备拦一辆出租车，又被朋友们挡住："我们早已通过微信预约好了，外面下雨，我们再坐会儿喝口茶，司机到了我们再出去。"

早就有人评论说："德国是服务的荒漠，中国是服务的天堂。"这真是印证了中国那句谚语："不怕不识货，就怕货比货。"中国制造的产品质量赶不上德国制造，但服务精神和效率却让所有客人叹为观止。

笔者在德国遇到的中国夫妇，几乎都是妻子不愿意留在德国，而丈夫却对德国恋恋不舍。这大概缘于男人们痴迷于产品本身以及使用产品所带来的刺激，比如各种汽车、精密仪器，以及汽车在无限速高速公路上飞驶的快感。而女人们则更加钟情于各种服务给生活带来的便捷。笔者的表妹，一位优秀的钢琴演奏家，去年下决心把家从欧洲搬回上海。她告诉笔者说，在中国家里摔伤了，掏出随身携带的手机，拨一个号码，消毒药水、创可贴、碘酒半小时以内一定送到手上；冬天三五好友在家聊天，发一个微信给饭馆，人家马上连锅带菜送到家里，所有的菜都已洗干净准备好，火锅调味小碟也按人数准备齐全。吃完饭，饭馆来人把锅子、餐盘连带垃圾收走。还有一次，表妹家宾朋满座，咖啡机却突然坏了，半小时后，咖啡馆将一壶香醇浓郁的咖啡送来，还有咖啡馆的经典糕点。

关键还有，食品加上门服务费有时还低于堂食（店内消费）的价格。这些贴心服务让不少女士从日常家务中解脱出来，自然令众女士们心花怒放。

根据微信发布的《2017 微信数据报告》，微信有 9 亿日活跃用户，其中老年用户 5000 万；有 1/3 的用户每天使用微信时间在 4 小时以上；微信用户日发送信息 380 亿次，视频日成功通话次数 2.05 亿次，月人均成功通话次数 19 次，月人均成功通话时长 139 分钟。

我们来看看这些惊人的数据：首先，9 亿用户已占了全球总人口的 12%，而全球 12% 的人口每天 4 小时，这是怎样的一种概念！

中国人手机中的微信如同欧美国家的 Whats APP，但功能方面远超 Whats APP。

在中国，刚认识的人们，见面互加一下手机微信好友，已成了主要社交模式，也使人与人之间的联系在广度上突破了时间和空间的约束。

而手机微信所具备的"朋友圈"功能，让不少中国人每天将发、刷朋友圈当成了与吃饭睡觉同样重要的日常生活组成部分，他们每天通过手机晒娃晒美食晒旅游晒学识晒自己的幸福生活……用"上瘾"来描述大概也不为过。

当然，中国人每天在手机上所耗费的大量时间并非只用于社交活动。社会调查显示，超过 80% 的用户使用微信来处理一些工作业务。因为微信在传输文件、通过组群发布信息、分派协调任务、意见反馈等方面极为迅捷便利。在很大程度上，微信俨然已成了随时可以工作的虚拟办公场所。

所有这一切，都给以前一些传统垄断行业带来了巨大的冲击，如银行、电信公司等。在这场生存竞争中，广大用户无疑是受益者。

现在，人们可以通过手机获取政府部门发布的信息；通过手机银行进行各种银行业务操作；通过手机 APP 办理医院预约挂号……

总而言之，今天的中国人只凭一部手机，几乎可以处理生活中大大小小的事情。

但就像生活总是五味杂陈一样，大家在享受手机带来的工作、生活便捷的同时，也不得不面对其造成的一些令人苦恼和无奈的负面后果。

随着微信的普及，微信开发者腾讯公司加速推出各款手机游戏，其中历时三年研发推出的《王者荣耀》尤为引人关注。

这款多人在线竞技手游，自 2015 年 11 月发布以来，注册用户数已突破 2 亿，日活跃人数最高突破 5000 万，2017 年全年收入近 300 亿元人民币。在这庞大数据背后，是一批对孩子们学业和前途忧心忡忡的父母。更无奈的是家长们对此几乎是束手无策。想强行禁止几乎不可能，因为此款游戏构建了孩子们社交的一部分，成为同学之间日常相互探讨的核心话题；寄希望于游戏运营商撤掉游戏更不可能，腾讯不是福利机构，提供了免费的微信服务，还指望着游戏盈利来弥补开销；奢望孩子们能做到自律，但对这点，整天自己手机不离身的父母们显然也力不从心。

在国内，许多网友调侃支付宝的开发者阿里巴巴集团赚女人的钱，微信的开发者腾讯公司赚孩子们的钱。

赚女人钱的和赚孩子钱的两大商业巨头明争暗斗、激战不休。老百姓的荷包在它们"战斗的硝烟中"越来越干瘪。

手机信息的叮咚声，让大家的时间碎片化的同时，也让生活日益快餐化、透明化……迷失在信息的汪洋里的人们开始了回归传统的思索。人们开始怀念曾经一家人用过晚餐，围坐一起下棋看书的那份温馨；怀念灯下奋笔疾书，收信人见字如面的激动……人们发现，原来很多的幸福来源于点点滴滴慢节奏的体会，许多的美好需要经过时间和空间的过滤才能浓缩成刻骨铭心。

而眼看着中国通信行业朝着 5G 智慧手机高歌猛进，德国也表达了希望在 2020 年能够让 5G 商用的美好构想。按照德国目前的通信状态，若乐观地预测，大概 2024 年之后能实现这一目标。因为哪怕是在德国一些大城市，目前很多区域也只有 3G 网络覆盖。时时刻刻手机不离身的中国游客第一次来到德国，经常会怀疑是否到了一个"假德国"，因为在大家的心目中，德国代表着高科技和发达工业，可自己的手机屏幕上怎么会经常显示信号差甚至没信号？至于德国移动数据网速，对中国人而言，简直就是耐心训练营，让人想到一句歌词"慢慢地陪着你走，慢慢地知道结果"。对此，德国人半是阑珊半是不服输地调侃：目前来说，我们还付得起"慢"的代价，而中国正在交纳"激进"的学费。

　　但不管怎么说，移动手机已成了现代人生活的"标配"。而在中外，有那么一群人，他们始终拒绝使用智能手机，用这种方式来捍卫自己的生活不受外界的侵入，从而保证自己拥有深度思考的时间。这也给了大家一个启迪，在信息化社会，人们可以拥抱改变，但仍然拥有保持自我的权利，去选择自己想要的生活方式。不要轻易地让一部手机去定义自己的人生。

微信支付

赵芹章 / 摄

为什么中国合伙人让人欢喜让人愁

2013 年，一部由香港导演陈可辛拍摄的电影《中国合伙人》红遍大江南北，取得了票房和口碑的双赢，被尊为"励志经典"。

电影里面有几句经典台词："千万不要跟最好的朋友合伙开公司"；"你知道吗，听一个人说话，不要听他说了什么，而是要听他没说什么"；"最大的骗子其实是我们自己，因为我们总是想改变别人，而拒绝改变自己"。这几句台词基本上把合伙人的纠结、迷茫、困扰表现无遗。

这些年，中国企业家们对欧美企业的投资与并购屡创纪录。德国墨卡托中国研究中心（MERICS）研究数据显示：2000 年到 2016 年，中国对欧洲的直接投资额达到 1013.86 亿欧元；2017 年，中国对 28 个欧盟国家直接投资为 300 亿欧元，其中拥有高科技制造业的德国尤其受到中国投资者青睐。对于这，欧洲在欢迎中国企业家投资的同时也忧心忡忡。

撇开政治不谈，我们来看看中西结合的合伙人之间的喜与忧。

那句台词"不要跟最好的朋友合伙开公司"之所以被大家津津乐道，因为中国人普遍认为，商业行为难免散发着"铜臭味"，商业合伙人之间追求的是利益，大家做出的许多决定、决策都是基于现实的考量；而真正的朋友之间的关系是精神层面的，是基于相互理解与包容而产生的信赖。从这个逻辑上来说，合伙人似乎总是与猜忌、算计等负面印象结合在一起。中国人通常不希望把好友拉进自己的生意圈，也是想为自己留住一块纯净的精神"伊甸园"。

而外国合伙人，双方之间更多了一层"水土不服"的特点。这种因不同的文化背景、习俗而产生的文化冲突，一些甚至令人啼笑皆非。

一次，有一位德国企业家向笔者抱怨，他的中国合伙人经常不回复他的邮件。笔者问明事情的始末缘由，不禁哑然失笑。中方合作方上回来德国工厂考察，大家相谈甚欢。分别时，德国人询问有重要事情将来具体与谁联系，通过中方翻译转达的意思是，来的这三位都是老板，彼此之间不分你我，如亲兄弟一样，你跟谁联系都可以。

估计中方是要在德国人面前展现中国人的精诚团结，另外可能也是说话者的一种谦虚的姿态。但德国人是直肠子，一听这话，以后所有的邮件都同时发给三位，结果就是要么得不到及时回复，要么干脆没有回复。笔者讲了"三个和尚没水喝"的故事给他听，他这才恍然大悟。后来再发邮件，就只发给一位，抄送另外两位，问题迎刃而解。不过再遇到他，他仍然会嘀咕一下，说不明白中国人为什么要把原本简单的事情人为地弄得复杂？

　　还有一个经常令人产生误解的问题，许多中国人在与人交谈时，总是有意无意地回避对方的眼神甚至眼睛望向别处，而西方人交谈时则喜欢直视对方眼睛。这原本是习惯不同造成的差异，但西方人往往据此得出判断，认为中国人似乎在隐瞒什么事情，从而令他对双方交谈内容的可信度产生怀疑；或者他认为中国人这样做无非是心不在焉，是一种勉为其难的敷衍行为。

　　笔者向德国人解释说，很多时候这确实无关诚信，也不代表中国人认为交谈内容枯燥无味。恰恰相反，很多中国人把不直视对方当作是一种礼貌。中国人小时候被叫到父母或老师面前时，常常会低着头，表示顺从。若有孩子盯着长辈看，通常会遭到呵斥，认为这是一种冒犯，是对权威的挑衅行为。中文有个词"颔首低眉"，意思是微微低头，显得很谦卑恭顺的样子，表示一个人知礼节。

　　这个中西文化概念上的差异，目前已被愈来愈多的中国人意识到，许多人在交谈时已开始学会坦然地以目相迎。

　　说到坦诚，这大概是中外合伙人之间最需要磨合的地方。

　　合伙人之间难免要经常在一起开会讨论一些决策问题。"头脑风暴法"就是西方人提出来的。但中国人自古有"尊尊"的传统，就是尊重应该尊重的人。所以，中国式开会通常变成领导人发言，其他人负责鼓掌喝彩的现象。这一习惯也被大家带到了国外，开会表态全是没意见，会后却意见一大堆。这当然让喜欢直来直往的德国人受不了，而中国人却认为自己不在会上提意见，

这是在给领导和对方面子，德国人怎么这样不识好人心呢？

许多中国企业家在国内虽然做事雷厉风行，但到了欧洲，大概认为自己需要入乡随俗，要表现出温文尔雅的举止，再加上需要翻译从中帮忙沟通，于是，对并购方表现出一种特别的包容和迁就，结果往往适得其反。但凡被并购的企业，多少存在先天或后天不足，军心也有些涣散。这就好比真正的"白富美""高富帅"基本上都不会去参加相亲节目一样。这时候，企业需要的是一位能力挽狂澜、意志坚定的决策者，而不是亲民的慈善机构工作者。德国人骨子里是崇拜强者的，当然这种"强"，不是颐指气使的虚张声势，而是尊重知识和技术，具有清楚敏锐的头脑和卓越判断力的领导者。

德国人常常私底下认为大多数中国企业家缺乏超凡的魅力，这里面固然有文化背景不同造成的差异，但我们不得不承认，不少中国企业家的言谈举止反映出的素质高低，与他们拥有的财富多寡并不成正比。

对于德国人而言，一个高度自律又有着顽强意志力的领导者才是充满魅力的。即便存在语言的障碍，但炯炯有神的眼睛，坚定有力的语气，传递能量的握手，实事求是的态度，这些特征无疑会帮助中国合伙人更快地赢得对方的信任和尊重，消除员工们的不安和焦虑，让大家重拾信心，愿意追随。

当然，这种跨国界的合伙人之间，还有个比较棘手的问题就是，合伙双方代表的稳定性。在中外合资或合作企业，双方主要决策者基本上是固守本土的大本营，不管是被派往中国的外国人，还是被派往国外的中国人，这些代表的身份犹如古代中国的"钦差大臣"，"奉旨"被派遣他乡办理要事。许多人往往刚刚熟悉、了解当地及合作企业的文化，就被一纸调令调回国内，新来的人员又要重新磨合、沟通，掌握情况，建立信任。自古以来"临阵换帅"都是兵家大忌，尤其难破乱局。这种常常被中途打断的管理模式，对企业良好、稳定的发展极为不利。

除此之外，有些中国企业家大概是被媒体上国外的工会形象吓坏了，以致形成一种认识误区，觉得国外的工会整天忙于挑刺、找碴，动辄煽动大家罢工，因而不愿意与工会打交道。而国外的工会组织也往往由于道听途说，对中国企业家存在负面印象。所以，国外企业与中国合作的消息一经传出，常常就会有工会出面组织大家进行抗议和抵制。这时候领导者的胸襟和智慧尤为重要，就像人们常说的那样，卓越领导者应该具备完美的协调能力和凝聚力。

工会的存在，使劳资双方多了一个沟通和解决问题的渠道，也增加了员工的安全感，换个思考的角度来说，对于企业和企业家而言也具有积极的意义。

良好的合作正如一段美好的婚姻，既有法律赋予的权利和职责，又有相互欣赏，彼此互补的依赖感。双方只有产生认同感，关系才能稳定和持久。如何做到这一点，对于中国合伙人来说无疑是一项巨大的挑战和考验。

《中国合伙人》电影海报

罗宏／摄

为什么"内外有别"在中国那么明显

在中国古代，男人们习惯称呼自己的妻子为"内人"，而女人们则称自己的丈夫为"外子"。这一内一外，符合古代中国"女主内、男主外"的传统。称呼上虽有内外之别，实质上在中国，以夫妻为核心形成的家庭圈子是中国人所有关系中最紧密的"内圈"。以此为中心，再逐渐按亲疏程度向外一圈圈扩张，形成内圈、外圈。

内圈中有自己的亲人、朋友，外圈则含括熟人、同事、邻居等。对不同圈子的人，中国人通常有不同的行为模式，包括忠诚度和信任度的深浅。这种现象其实在各个国家、各个民族之中都存在，但西方国家基本上会比较隐蔽地对待此事，至少在表面上会表现得比较公平公正，一视同仁。而中国人则通常会比较高调地将"内外有别"发挥得淋漓尽致。

对内圈的人，大家甘愿接受传统道德规范的约束，比如对长辈要孝敬，对晚辈要关爱，对朋友要忠义，至于夫妻之间，更因为利益相关，属于休戚与共的生命共同体（反目成仇者另当别论）。而外圈，大致又可分为外人和陌生人两种。对外人，比如关系一般的普通同事，偶尔见面的邻居，以及一些泛泛之交，大

家会维持一种表面的客套和礼貌，偶尔甚至还会邀请对方一起用餐或来自己家里坐坐，但信任却隔着心的距离；至于对陌生人，中国人通常都会持有一种防备心态，从而表现出一种明显的冷漠和回避态度。孩子们从小也会被告知"不要和陌生人说话"或者"远离陌生人"。

不过，这一观点估计会遭到一些外国人的质疑，他们曾经客居中国或者到过中国旅游，在那里，他们受到了中国人非常热情友好的接待。这当然也是事实，中国人对那些明显的、无论是眼前或是将来都不会对自己构成威胁的陌生人，尤其是异域陌生人，通常乐意展现自己友善、彬彬有礼的一面。换句话说，中国人只有在感到特别安全、放心的境况下，才会放松地展现自己性格中幽默、风趣、乐于助人的美好一面。显然，大家在"内圈"活得更惬意、更真实。而一旦进入"外圈"，中国人通常会戴上"面具"，披上"盔甲"，为自己涂抹上一层保护色。

若大家细心观察会留意到，中国人在宴请宾客时喜欢说："请随意，别把自己当外人。"而在接受别人对自己的感谢或感激时，则会回答"别见外"或者"不用客气，别把我当外人"。可见，"外人"在中国人眼里代表着距离感和生分疏离。

这种"内外有别"自然有中国传统文化因素的影响。

孔子创立的儒家强调"亲亲有术，尊贤有等"，认为对待不同的人，礼数和方式应该有亲疏厚薄的等级之分。这也符合中国自古以来的传统伦理"尊卑有序"，也就是说尊卑之间应该有严格的顺序。

西方社会则普遍倡导平等与博爱，这种平等地无差别地爱一切人的理念，也成了当今西方国家"思想正确"的一部分。

这种观念上的差异，常常导致中西方人士在合作交流时产生误解和冲突。

曾有句话在中国非常流行："我只负责生我的和我生的。"这种公开表示自己的责任心和仁爱只给予自己家庭成员的行为，在中国不但被广泛接受而且备受推崇，西方人士却将之视作自私的体现。

再来看西方，如果不是亲眼所见，笔者大概也难以相信，在欧洲确实存在一批这样的人，他们亲情淡漠，遇到自己父母患病，甚少探访；儿女年满18岁，便让他们离家自食其力；但同样这些人，却出钱又出力，为陌生人的生存状态劳心费神。比如当义工，为2015年涌入德国的百万难民提供援助。这种关爱陌生人超过亲人的奉献精神，在大多数中国人看来简直是不可思议，甚至觉得其有违人性的本能，而斥其为作秀。中国人虽然自古也有"老吾老以及人之老，幼吾幼以及人之幼"的主张，但这种"天下大同"的理想，在中国人的观念中，仍然存在一个先后顺序之分。

正因为"内外有别"的盛行，争取成为一个群体中的"自己人"，成了中国人社交活动中一个重要环节。

长驻中国20多年的德国人霍克尔告诉他的德国朋友们，他早已把中国当作了第二故乡。而让他的德国友人啧啧称奇的是，20多年来，霍克尔居然在中国无须与任何律师打交道。经常会为了鸡毛蒜皮的小事而闹上法庭的德国人迷惑不解："难道你在中国从未遇到过任何麻烦？"霍克尔回答说："当然会遇到问题。但往往通过我的中国朋友们，一切都会得到妥善的处理。"

一个中国人若被人夸奖"吃得开"，通常代表他关系很多，可以游刃有余地游走于各种圈子并受到欢迎。德国人霍克尔显然有几位"吃得开"的中国朋友，这也让霍克尔在中国的生活如鱼得水般惬意。

在中国，这种以个人和家庭为主，并由此延伸出来的亲属、友人组成的内圈，通常具有较大的凝聚力量，也有很强的适用性。

比如某人白天去某机构办事受到刁难，心情很郁闷。好友刚好来电邀饭局，不好推托，只得提起精神去赴约。结果，上午那位与他针锋相对的办事人员也在应邀之列。短暂的尴尬之后，在双方共同朋友的撮合之下，大家开始把盏言欢。一个调侃说，这真叫"不打不相识"呀，另一个拱手道歉："大水冲了龙王庙，一家人不认一家人。我罚酒三杯以示歉意。"第二天再去办事，效率之高可想而知。

中国人这种对待"内圈"的"忠孝仁义"态度，一定程度上，维持了社会整体的有序和稳定。因为构成社会最基本的单位为家庭，信奉"家和万事兴"的中国人，绝大多数对自己家庭都有一种任劳任怨的奉献精神，其呕心沥血程度之深远超西方国家的民众。

但这种内外圈的不同表现及区别对待，难免会造成裙带关系蔓延的状况，以及任人唯亲的社会腐败。这些年，中国很多领域人才的流失，与国内竞争机制缺乏透明和公正性有莫大关系。

全球化的风潮已呈不可阻挡之势的今天，各国对人才的拼抢日益激烈。有些国家虽然严格控制移民人数，却对高端人才万般青睐。中国虽说人口基数庞大，但"千军易得，一将难求"。一个国家、一个社会若能广纳天下英才，并建立一套行之有效的人才培养机制，科技创新和社会进步才能得到可持续的支撑。做到这些的前提是，在承认人的感情有好恶之偏的基础上，用法律和社会的监督力量来约束公权力，杜绝"一人得道，鸡犬升天"的恶习。

为了让阳光更灿烂，首先必须拥有一个纯净透明的天空。而阳光下，才会有百花齐放、百鸟呈祥的盛世光景。

门

赵芹章/摄

为什么中国人不爱多管"闲事"

"穷则独善其身，达则兼济天下。"这句话出自《孟子》，也是儒家之大道，原意是要求人们不得志时要注意修身与德行，得志发达时则要造福百姓。

但不知从何时起，"独善其身"被许多中国人单独列出来奉为做事原则，并简单粗糙地将之理解成：管好自己。至于惠世济民，大家的说辞变成：一代儒家宗师、"亚圣"孟子不是都表示先有"得志发达"这个前提，才有"兼济天下"这份责任?!

众人的言下之意无非是，社会责任是成功人士的义务。

如果光从字面上来理解，若每个人都能真正做到管束好自己，那倒也尽到了一份公民的责任和义务。但问题是，这种思维往往演变成"各人自扫门前雪，莫管他家瓦上霜"的处世哲学，并进一步养成一种不注重公德的陋习。

笔者的表妹住在上海一幢大高楼里，这个住宅小区里本地人与外地人各占一半，与表妹聊天时发现，似乎来自 XX 地区的邻居格外令她头痛（为避免地域歧视之嫌，此处省略地名）。表妹下班回家，经常能在电梯口遇到三三两两结伴而行的 XX 女子，她们边聊天，边嗑着瓜子，瓜子壳往往随手就往电梯里一扔。有回表妹实在看不过眼,冲她们发了火:"这是公共区域,不是你们家的客厅,请注意一下公德问题。"女子们朝她翻了下白眼,暂时停止了手上动作。第二天,表妹走进电梯间,入眼又是一堆瓜子壳。

于是,她用电脑打印了一张宣传告示,大意是为了营造一个舒适整洁的环境,人人有责,禁止在公共场所乱扔垃圾。告示起了点宣传和教育作用,但要完全杜绝这一现象,似乎仍然遥遥无期。

笔者问表妹,如果你去外省拜访朋友,在电梯里发生同样一幕,你会出面干预吗?表妹想了想说:"我会皱起眉,但可能不会开口劝阻。"

表妹是一个很有教养的人,对这种乱扔垃圾的行为自然是深恶痛绝,但她在自己的住宅小区、在本地,会站出来发声,在外地却会犹豫。在她的心目中,"家"的范围自然远远超出那群女子家的概念,但若在隔山隔水,地理位置相距甚远的外地,表妹却会生出担忧,当地人是否会认为她"狗拿耗子多管闲事",他们糟蹋自己的"家",何需外人指指点点。而一个公共责任意识强烈的中国人,在地域界限面前,难免不得不审时度势。

中国地域辽阔,到处都有"十里不同天"的美景。但论及环境卫生,人们往往会惊讶地发现,哪怕寸土之间都可能是截然不同的两种光景。屋内窗明几净,地面一尘不染,处处可见主人的用心;各家各户门外,从住户们共用的公共走廊就可以看出"公"

与"私"的区别。原本应该整洁空荡的走廊往往堆放着各类杂物：鞋柜、旧的自行车、儿童脚踏车……

去年暑假，笔者应邀去拜访国内一位好友，她住在国内某省会城市一个高级住宅区。一进大门，眼前的景象让笔者顿时无语。进门大厅放了一张被丢弃的长沙发，当时刚下过一场大雨，住客们边抱怨小区内的积水，边随手甩打着手中的雨伞，沙发被雨水淋湿后显得更加破旧。大厅里面大概为了庆祝某个节日而悬挂的小彩条此时也是稀稀落落。这可是刚建成没多久的小区，与笔者想象中的幽静舒适大相径庭。

笔者向好友问及此事，她叹了口气，认为买房时忽略了对物业管理的考察。

那张沙发是物业部门特意搁在那的，否则大厅很快就会被各家的自行车所攻占。她曾提议可放置一些花盆、盆景，物业却反问她，如果花盆丢失，被住户拿去当自家阳台上的装饰，谁来负责？

中国当然也不乏热心公益、乐善好施之人，但从普通民众的利他行为与自私行为的对比来看，后者明显占比更高。

有些人认为自私自利是咱们民族的劣根性，也有不少人一直在争论：人之初，究竟是"性本善"还是"性本恶"？

应该说相比之下，中国人骨子里的善良和淳朴绝不亚于世界上任何其他民族。1945 年二战结束，日本战败投降，超过 4000 名日本遗孤留在了中国。尽管中国人心里面痛恨用铁蹄蹂蹦自己国土的日本军阀，而且战后的中国本身也处在艰难岁月，但面对这些日本战争孤儿，许多中国家庭仍敞开怀抱，以仁爱之心收留了他们，并节衣缩食含辛茹苦将他们抚养成人。

此类闪烁着人性光芒的例子，在中国漫漫历史长河中不胜枚举。事实证明中华民族并不缺乏仁爱慈悲之心，但为什么我们身边又有如此多人缺乏"公德心"？

中华文明五千年，也是封建专制的五千年，中国的封建王朝岁月一直持续到1911年。对于广大民众而言，"普天之下，莫非王土；率土之滨，莫非王臣"，中国就是皇帝的"家天下"。比如唐朝皇室姓李，所以人们又称之为李唐；宋朝则为赵宋……中国普通百姓不可能真正拥有"私有财产"，哪怕拥有，那也是皇恩浩荡的赏赐，遇到哪天皇帝不高兴，随时可以收回去。

历史进入20世纪50年代，那时候中国虽然已推翻了封建统治，但财产私有制却仍然遥遥无期。1958—1978年，中国开始进入"人民公社"大锅饭年代，"农村人民公社"以及"城市人民公社"在各地纷纷成立，农民收成全部归公，个人私有物件如锅、盆等，一律都交给公社，大家全都在大食堂吃饭，也被称作"吃大锅饭"。

直到1978年，中国开始实行改革开放政策，私人财产开始受到法律保护。

世上诸事"物极必反"。如果大众没有"私"的拥有，也就不可能真正有"公"的概念。在完全无私的年代，"公"常常陷入"人人有份，没人负责"的尴尬状况，这也导致种种被人们诟病的缺乏公共精神的事例层出不穷，而"法不责众"又让这种现象屡禁不止。

造成个别人"公德心"缺乏还有一个很重要的因素：自古以来，中国的社会道德评价机制都是建立在耻感文化基础之上，人知耻而有所不为。但关键是怎样的行为会让人们内心产生羞耻感呢？

在中国，一个不忠不孝之人常常会遭到社会的唾弃而很难找到立足点。因为"忠孝"历来在中国被当成道德之本。所以，追求世俗的功利，让父母及家族显赫荣耀，这成了大多数中国人追求的终极目标。中国人笃信不移的"家和万事兴"，这个"家"的概念通常来说是极其局限的。至于公共精神，最多只是家族情怀的延伸。公共场所体现的文明和教养，在许多人眼里，那是成功人士才需要时刻注重和维护的外在形象。普通民众的不文明举止，若是随众而为，在中国人的概念里，并不会令自己处于蒙羞的境地。

这诸多因素合在一起，自然令一些中国人更注重小范围内的个人修养，却往往忽略自己的社会责任和义务。

至于如何改变这种状况，让家族情怀上升至民族情怀甚至人类情怀，估计仍然是长路漫漫。但笔者坚信，人类道德文明的灿烂星空中，曾经辉煌的中华文明之光，依然会闪耀，照亮明天的世界。

激流中的勇士

罗宏 / 摄

为什么说诚信建设任重道远

"一人失信，全家受到影响。"前段时间，中国各地媒体报道河北省的几所著名私立学校接到通知，不得录取失信人员的子女。

在此之前，凡被中国法院列入"失信被执行人"名单者，被限制乘飞机、坐高铁，也被限制某些消费行为。大概是为了加大力度，一些省市将失信被执行人的子女也纳入受限制对象，虽然舆论对此举褒贬不一，但效果却非常明显。为了避免儿女受到牵连，许多失信被执行人急忙联系法院，主动提出纠正自己的失信行为。

与此相对应的是，信用良好者则可以凭自己的"诚信卡"享受各种优惠政策，比如看病、住宿免押金等。

古代中国的传统价值体系由儒家五常"仁、义、礼、智、信"构成，其中的"信"即为诚信。

中国有个成语"一诺千金"，意思是自己承诺别人的事情，如同千金一般贵重。《论语》中强调："言必信，行必果"，表达了同样的道理，为人处事要守信用。由此可见，诚信自古就是中国人尊奉的美德。

但今天的中国，建立和完善社会信用体系任重道远。

记得孩提时代，当有人指出某人在撒谎时，对方总会回答说："我们来拉钩，骗人是小狗。"然后大家边起哄"小狗小狗"，边嘻嘻哈哈继续打闹。通常而言，在中国，当某人的谎言被揭穿时，如果谎言并未造成太大损害，大家都不会太过在意，通常由某人出来打圆场，热闹一番收场。

比如：A 邀请 B 赴宴，但 B 不想参加，就会声称自己不舒服需在家休养。但随后，B 带孩子去商场游玩，不巧遇见前来为宴席采购的 A。这在德国必定是极为尴尬的场面，但 A 与 B 往往都能应付自如，B 通常会说孩子吵着要来，自己只好勉强抱羔满足孩子要求，并祝 A 晚宴宾主尽兴。而 A 也会善解人意地表示找机会再聚，并体贴地叮嘱 B 要多注意休息。

A 知道 B 先前在撒谎吗？这已不是很重要，关键双方都维持了交往的礼节，这样大家还能继续交往下去。

一些与中国有贸易往来的外国商人常常抱怨被合作方愚弄。他们知道也不介意自己的中国合作方是赚取佣金的贸易公司，可他们不明白，为何合作方总要声称自己是厂家，甚至会在谈判时折腾出很多花样试图为此提供佐证。中方贸易公司这么做，往往是基于自保，害怕外商会撒开自己与工厂直接合作，却因此给人留下不诚信的印象。其实，贸易公司大可直接以真实面目面对，这种对自己价值的自信反而能赢得对方的尊重，获得商机。

中西方对诚信的歧义，还体现在对待"善意欺骗"的态度方面。

比如在中国，若有人患病得了癌症，医生往往会先通知病人家属，并征求家属意见是据实相告还是隐瞒病情？有时候大家会达成一致，对病人隐瞒实情。于是，医生会按照家属的委托劝慰病人放宽心，平常注意休息，不要太劳累，多散散步练练拳，身体就可以康复。

虽然没有具体数据来论证优劣，但这种善意的欺骗，对某些病人来说，增强了他与病魔抗争的信心，在精神层面上产生了积极的作用。

但西方医生认为病人有知情权而坚持据实相告，不少意志力不强的病人往往就此被恐惧击垮而一蹶不振。

中国人普遍认为如果是基于"孝""义""礼"这些良好目的而撒谎，则并不会造成自己道德方面的困惑，撒谎本身也不会令自己感到羞愧或尴尬。这也符合古代孟子所强调的"大人者，言不必信，行不必果，惟义所在"。此理论为诚信画了道分界线，符合道义的失信不应该受到谴责。但这也在某种程度上造成了思想的混乱。比如一个人为了对自己的母亲尽孝而行骗，是否就可以不受惩罚？

如果说古人若失信于人，是基于"义"的考量，那么，当今中国社会一些人的失信则与泼皮无赖没有什么区别。

如让世界瞠目结舌的中国妈妈们全球抢购奶粉之举，就是因为国内的一些不良厂家婴儿奶粉掺假，引发了全国性的恐慌。

这种生产厂家为降低成本，以次充好，以假充真的行为几乎各行各业、各个领域都有。

中国人的手机上经常会收到来自银行的短信提示："任何索要短信验证码的行为都是诈骗"，督促大家妥善保管身份证件、银行卡等。

值得警醒的是，20世纪六七十年代那场"文化大革命"是中华民族的浩劫，这场标榜"破除旧思想、旧文化、旧风俗、旧习惯"的社会运动，摧毁了中华传统美德"仁义礼智信"，让"假、大、空"大行其道，至今为止中国社会仍在努力医治创伤，恢复与重建道德秩序。因为诚信匮乏而造成的信任成本已构成了中国目前社会的最大成本。

中国官方媒体率先发声——"官德隆，民德昌，国家兴；官德毁，民德降，国家衰"，强调各级政府要从加强政务诚信建设着手，重塑中国社会的信用。中国各地也纷纷出台相关政策作出配合。至于效果如何，要看中国政府约束公权力的决心和力度，而各行各业强化监督成当务之急。

英国坎布里亚郡（Cumbria）每年11月都会举办"世界撒谎大赛"，比赛明文禁止律师和政客参赛，认为这是业余选手的比赛，政客和律师作为"专业人士"，其参赛有失公允。

由此可见，官员的诚信是每个国家都会面临的吏治问题。

作为世界最大经济体的美国，其现任总统特朗普与美国各大媒体针锋相对，相互指责对方撒谎成性。而原本总统应该是一个国家的道德表率，媒体则承担着启迪民众的责任与义务。如今公然地质疑对方的诚信，面对这闹哄哄的局面，最感到尴尬和痛苦的大概是家有学子的父母们，他们希望能找到合适的理由，向孩子们解释眼前发生的这一切。如果谎言得到奖赏，不用很久，这个世界上将遍布江湖老千。

德国很早就开始实行将个人诚信纳入社会管理系统，理性的德国人明白，社会诚信的建立主要靠制度的约束而不是个人道德上的自律。不过近些年，由于过于强调尊重人权而使必要的惩戒措施缺失，德国社会治安问题已日趋严重。

当民众违法犯罪所付代价过低，不良行为得不到相应的惩处，社会就开启了劣币驱逐良币的模式，人们的道德感就会被逐渐吞噬，社会诚信状态也会随之恶化。

诚信作为一种美德，它不仅仅是一种行为，更是一种习惯，而习惯久而久之就成了人们生活的主宰。缺乏诚信的时代，大家都难免会沦为被欺诈的受害者，而谎言的世界，每个人都不得不为之付出代价。

改善社会信用需要举措，更需要时间。《老子》中说："合抱之木，生于毫末；九层之台，起于累土；千里之行，始于足下。"中国目前的诚信建设也应该从确保孩子们有一个纯真的成长岁月开始。

公平秤

赵芹章／摄

为什么西方散布"中国威胁论"

前段时间在朋友的生日 Party 上遇到几位德国记者。彼此交谈中他们问笔者西方社会哪些地方令笔者感到困惑？笔者不假思索地回答道："中国威胁论。"他们司空见惯地反问笔者："你们中国媒体也常常指责西方这是'以己之心，度人之腹'，但你们也说'无风不起浪'，为什么大家会认为中国有攻击性而构成威胁呢?"

其实，不仅仅只是中国人，稍有点逻辑概念的都会对此感到困惑。历史上，欧洲诸国之间战争不断。为了争夺土地，各国大打出手。比如英国与法国在中世纪期间爆发的英法战争长达116 年，从公元 1337 年打到 1453 年，人们将之称为"英法百年战争"。这场战争使两个国家都民不聊生，国土满目疮痍。德国是两次世界大战的发动者，这两场战争的惨烈在此不再赘述。

美国尽管一直标榜自己的正义，但美国独立后长达一个世纪的西进运动，对印第安人进行了大肆驱赶和迫害，其今日之领土早就烙上了暴力扩张的印记。

而反观中国，直到 19 世纪初，中国有持续几千年超过西方的辉煌，但与英国等其他国家大肆扩张海外殖民地不同，中国从

未动过借助自己的优势对他国攻城略地的念头。

古代中国远在宋朝（960—1279 年）时，就有了领先世界的航海技术。1405 年，明朝的郑和第一次下西洋，随行人数多达27800 人，240 多艘远洋海船。中国舰队无论是船舶尺寸、数量还是技术水平，都遥遥领先当时世界上任何一个国家，英国学者李约瑟博士评价说：（当时）集全欧洲之力也无法匹敌明朝的海军。

前后长达 28 年时间，郑和七次下西洋，史料记载的其中四次随行人数都在 2.7 万—2.8 万左右，访问了 30 多个国家和地区，最远到达非洲东部。郑和西洋之行，带去了众多中国的特产，促成明朝与多国间的贸易往来。值得一提的是，之后 1492 年哥伦布横渡大西洋，随行也不过百人，船只三艘。

这就好比今天，有人开着时速 200 公里的汽车，在外面逛了一大圈兜兜风就回来了；别人却骑着自行车发现了秘密花园，之后，硬是赶走土地的原主人，将花园占为己有。前者不是不行，而是根本就未存丝毫攻城略地的念想。

若中国存有丝毫对他国领土的觊觎之心，当年凭借百艘巨型船舶，浩浩荡荡数万大军，日不落帝国的名称怎么也是中国抢得头筹吧！

众所周知，16 世纪中叶，西班牙通过其环球探险和殖民扩张，被称作世界上第一个日不落帝国。1588 年，英国、法国、荷兰陆续加入海外殖民扩张，英国后来者居上，英法百年战争之后，逐渐取代西班牙，成为第二个日不落帝国。

有句话说得好：人们眼里的外在世界就是自己内心世界的反射。习惯打群架的人，倘若看到别人健身秀肌肉，感觉到的通常不是美好而是挑衅。

对此，还有一些不争的事实供中外有识之士参考。

在中国故宫博物院或者任何其他中国大型博物馆内，有谁见过成千上万件欧洲的古董？但大英博物馆里面却有超过 2.3 万件中国历代珍宝，以致今天中国人还得万里迢迢跑到英国来看自己老祖宗留下的宝物。

1860 年，就在百年战争之后不久，英、法这两个昔日战场上的仇敌，却来到中国，联手把中国古代皇家园林圆明园里面不计其数的文物珍宝洗劫一空，然后放火焚毁园林。

法国大文豪维克多·雨果当年严厉地对此事件进行谴责：

在这个世界的一个地方，有个超乎想象的世界奇迹，这个世界奇迹叫圆明园……凡是人们想象中能够创造出来的一切，都在其中得到体现……但这个奇迹现在消失了。一天，两个强盗闯入圆明园，一个掠夺，一个纵火……我国所有教堂的珍宝全部加在一起，也不能同这个规模宏大而又富丽堂皇的东方博物馆媲美……法兰西帝国侵吞了一半宝物……今天，他以一种所有者的天真，炫耀着圆明园里的灿烂古董。我相信，总有这样的一天，解放了的而且把身上的污浊洗刷干净了的法兰西，将会把自己的赃物还给被劫夺的中国。

被掠夺的文物自然已难以追回，根据巴黎卢浮宫、纽约大都会艺术博物馆、芝加哥艺术博物馆等 19 家欧美博物馆 2002 年 12 月 9 日发布的《关于环球博物馆的重要性和价值的声明》，这些文物属于世界文化舞台，应该留在目前所在的博物馆。

文物虽然难以追回，但这些文物与圆明园遗址一样，其沉默的背后却有着振聋发聩的回声。

难道根据这一桩桩事例，让注重逻辑的欧美得出"中国威胁论"？很明显，一些欧美政客和人士故意借助"巨龙已醒来"而人为地在外界树立一个假想敌，从而转移许多不辨真伪民众的聚焦点。用一个中国成语来概括："混淆视听"，这也是政客们惯用的伎俩。

喜欢享受生活的中国人对实行对外扩张确实毫无兴趣。中国人自古以来固有的思维方式和理念就是守望田园，乐天知命。而"百善孝为先"的观念更在中国深入民心，中国人将留在父母身边，侍奉父母当作做人的根本，因而，令人骨肉分离的战争历来被中国人深恶痛绝。

谈及威胁，中国人应该更有资格讨论"西方威胁"，因为就在一百多年前，西方的炮舰野蛮地驶入中国，中国的清政府被迫接受割地赔款，英国人的鸦片四处泛滥。

今天的中国不提"西方威胁论"，因为中国人知道，任何关于威胁的言论或炒作，对于维护和平都没有意义。中国人更清楚地明白，每个国家所面临的真正威胁，追根溯源，都来自其内部。欧美国家确实该"醒来"了。

祥和的乡村

赵芹章／摄

为什么上海被称为"魔都"

　　中国人填表，经常要填到籍贯，这通常指自己的父系氏族繁衍的地域。"上海"这个地名，被外国人艳羡，对上海人来说，有时却会因为外地人加注其身的"精明""小气""崇洋媚外"等标签，而变成包袱。曾几何时，一句"你一点都不像上海人"变成了对上海人的褒奖。

　　学生时代，笔者经常自作主张，在籍贯一栏填写上妈妈的家乡"湖南"，被亲朋好友知道后，笔者的姑姑就说："我们家族一脉五代人都生活在上海，你也在上海长大，为啥好好的上海小姑娘不愿当，要当湖南人你才更开心？"

　　笔者逃避上海，一直以为是因为自己的祖父辈在那个特殊年代所遭受的苦难，让笔者迁怒于这座城市，觉得她没能很好地庇护她的子民。后来回想，笔者的逃避或许更因为笔者恐惧于上海的魔力。这就好比你迷恋一个人，却又千方百计地从她身边逃离，你害怕自己迷失在她的光芒之中，最终万般痴情只换来她漫不经心地点头一笑。概因这世上所有的两情相悦，双方大都势均力敌。人与人，人与物，抑或人与一座城市。否则，只有一厢情愿的不舍与岁月蹉跎的遗憾。倒不如远远注视，为她的每一次华丽转身而喝彩，既成全了自己，也守护了想象中的那份美好。

上海正如一位千变魔女，饱经风霜却依然怀揣着一颗少女之心。她可以风情万种、顾盼生辉；也能颔首低眉，纯净似水。她承载着历史，更在创造着历史。

根据考古发掘成果，上海最早的文明是马家浜文化（距今6000年），接下来是崧泽文化（距今5500年），然后是良渚文化（距今4200年）。六千年前的新石器时代，上海一带就开始出现了原始村落。

得益于东西南北交汇点的地理便利，明朝弘治年间（1488—1505年）上海县已经是："人物之盛、财赋之多，盖可当江北数郡，蔚然为东南名邑。"（出自明代学者唐锦《上海志》）明朝末期，上海更是出了一位有名的科学家、政治家徐光启（1562—1633年）。作为礼部尚书，徐光启大概是中国明朝时期最著名也是中国第一位受洗的天主教徒。他是中国引进西方科技的先驱者之一，将自己的学术思想融入西方的文化，对17世纪东西方文化交流起了非常重要的推动作用。所以，若说上海是中国"西风东渐"的桥头堡，应该无人反驳。

1842年8月29日中英签订《南京条约》，上海成为中国最早对外通商的口岸之一，1843年11月，上海正式开埠。自此，上海逐渐发展成为一颗耀眼的东方明珠。

2018年初，笔者一位来自法国巴黎的朋友茉莉前往中国旅游，研究旅游路线时，笔者建议她把上海作为第一站。笔者相信上海带给她这位法国艺术家的震撼，一定会贯穿于她的整个中国之行。笔者告诉茉莉，"魔都"上海被人们称为"东方的巴黎"。

旅游回来，茉莉对笔者说，或许将来某一天，巴黎会被称为"西方的上海"。同样这句话，法国前总统奥朗德 2013 年访问上海时也说过。这大概就是上海神奇的魔力，让每个走近她的人都惊呼"神奇"。

上海应该是不愿做任何城市的仿品，也不在乎是否有谁想成为它的缩影。作为一座拥有 2418 万常住人口的城市，她既高傲又低调，时不时貌似不经意地甩几个数据到大家面前。比如，国家统计局数据公布，2018 年上半年，上海居民人均可支配收入 32612 元，居民人均消费支出 21321 元，两项数据都排名全中国第一，真正是既能挣又舍得花（费）。

行走在上海，每一步都是风景，每一眼都是历史或正在创造中的历史：

上海摩天大楼总数——世界第一

上海虹桥交通枢纽——世界最大交通枢纽

上海磁悬浮列车——世界陆地速度最快运输工具

上海东海大桥——世界规模最长、最宽跨海大桥

上海洋山深水港——世界最大深水港

上海佘山世茂深坑酒店——世界人工坑内海拔最低酒店

上海文化广场——世界最大地下音乐剧场

上海天文馆——世界建筑面积最大天文馆
……

就连上海户籍人口 2017 年的预期寿命 83.37 岁，这一数据也遥遥领先中国其他城市，位居世界前列。

为什么偏偏是上海，这个南宋之前仍为小渔村的地方？

上海人喜欢标榜自己的文化为"海派文化"，尽管"海派"一词的出典有待考证，但上海在长江口的有利位置，让其早早就万商云集。在上海，人们能听到大江南北最杂的方言，五湖四海最多的外语。这种开放和交流模式，使上海逐渐形成了"海纳百川，兼容并蓄"的特点。

就像外滩的繁华令人惊叹，而离它不远，人们还能找到曾经的南市区弄堂小巷，让人穿梭流连，寻找和抚触当年江南水乡的痕迹。很难有一座城市的古与今如此和谐地共生共存，这更显其包容的魅力。

笔者偶尔会想，究竟是我们改变了城市还是城市塑造了我们？如果是前者，为什么那么多异乡人要怀揣着理想去投奔自己心仪的城市？那些新上海人，尽管不会说上海方言，但时间久了，言谈举止，举手投足，像是被上海的魔术棒施了法，他们的身上开始烙上这座城市的印记。一些土生土长的上海人自嘲说，现在上海中心圈的人们说外语，内环线的人们说普通话，外围的人们说上海方言。

　　这也从另一方面说明，上海这座城市的磁场有强大的吸引力，它让五湖四海的人汇聚，在这共同创造并见证奇迹时刻的到来。

　　在这需要提及一位被以色列授予"国际义人"称号的中国人何凤山，他也被世人誉为"中国的辛德勒"。1938—1940 年，何凤山任职中国驻维也纳总领事，他顶着激怒纳粹的压力，签发了几千份上海签证给犹太人。而当时的中国，正是国难当头的危急时刻，上海、哈尔滨、天津等中国城市却是当时世界上几乎唯一向犹太人开放的地方。据有关资料统计，二战期间有两万多犹太人生活在上海。2015 年以色列拍摄了一部短片《谢谢上海》，来让世人牢记曾经的历史，记住这座曾经庇护过他们前辈的城市。

　　这就是上海，它有自己的良心和侠气，也有自己的担当和柔情。爱也好，恨也好；逃离也好，投奔也好；上海都是一个惊艳时光的存在。不管人们来自中国或世界哪个角落，只要到过上海，就再也无法在脑海中抹去对它的记忆，因为它是一座"魔都"。

夜色中的上海

罗宏 / 摄

为什么中华文明得以源远流长

　　在许多西方人眼里，中国人似乎是谜一般的存在。他们可以很张扬，有时候又低调得像隐形人；他们可以很温和，有时候却像怒狮般咆哮；他们可以很节俭，有时候却会挥金如土；他们可以很自信，有时候却又很自卑——但无论如何，有一点中国人却是共同的，那就是对自己古代传统和文明的自豪。每当外人谈及，无论是乡野村夫还是通儒达士，个个瞬间两眼熠熠生辉，一种发自内心的骄傲满溢而出。

　　任何一种文明，其内涵都包括语言、文字、宗教信仰、民族意识、风俗习惯、礼仪规范以及科技水平。

　　按照历史学家们的划分，公元前 3500 年到公元前 1000 年这段时期，被称为世界古代文明时期。这期间产生了两河文明、尼罗河文明、印度河文明、长江文明、黄河文明、爱琴海文明、奥尔梅克文明等，这些古文明有个共同特征，其都起源于江河流域或海洋。

　　根据文明的综合定义来说，中华民族是目前世界上唯一始终保持其民族性的族群。比如古埃及，其文字记载历史可追溯至公元前 32 世纪，当穆斯林征服埃及之后，古埃及语言和文字逐渐消失，现在阿拉伯语已成为埃及人的语言。

中国成为唯一的例外，是偶然还是必然？

众所周知，长江文明与黄河文明是中华文明起源的重要组成部分，其始于大约公元前 5000 年，距今已经 7000 多年。

而中国文字的诞生，更使中华文明能够更快更远地传播，并使文明本身也得以飞速发展。

中国古代第一个有文字记载的朝代为商朝（前 1600—前 1046 年），商朝又被称为殷朝。

今天的人们谈及中国古代，都知道伟大的思想家孔子。实际上，孔子之前中国还有一位政治家伊尹（前 1649—前 1549 年），应该说，伊尹对中华文明的传承和发展的贡献同样不可估量。

据史料记载，伊尹是奴隶出身，原为商朝开国君王商汤的家厨，因能烧一手好菜，并常利用侍奉君王食品的机会，阐述其治国理念，深得君王商汤的赏识而被提拔为宰相。

中国自古就有这种"江山社稷，用人为先"的理念，这与西方国家长时间的"血统论"相比，绝对是无比睿智的超前理念。这种不拘一格重用人才的做法，保证了国家治国安邦人才的丰盛储备，也间接促成了一个国家文化和文明的延续。

伊尹在一代明君商汤的重用下，成为中国历史上著名的政治家和有名的贤相，辅佐了商朝五代君王，此举也为商王朝能够延续 600 年奠定了基础。伊尹的治国中心思想为"克敬、克诚、仁德"，如伊尹常教育人们："德无常师，主善为师"；"七世之庙，

可以观德，万夫之长，可以观政。"他的这些"以德治国"的理念被后世反复引用，也为历朝历代执政定下了"以人为本"的基调。

尤其值得一提的是，伊尹还被尊为中华厨祖，史书记载他终年100岁，在那个年代拥有这个岁数简直是不可思议，这大概得归功于伊尹对医药和饮食营养的精通。伊尹的酸、甜、苦、辣、咸"五味调和"学说构成了中国饮食文化的核心精神。这意味着3600年前，中华民族在一代贤相的率领下，已经开始了对美食孜孜不倦的追求。

而中国传统的饮食文化和医药文化，就是中华文明桂冠上那闪耀的明珠。

我们或许不得不承认，很多时候，我们对一种文化的认同或背叛，都是从"胃"开始转变的。旅居他乡的游子大概对这点尤其感受深刻。

伊尹不但将烹饪的技巧运用到治国谋略方面，更将中华美食发展为灿烂的中华饮食文化。从此，酸、甜、苦、辣、咸，五味就通过中国人的胃抓住了中国人的心。哪怕在最艰难的岁月里，中国人仍然可以将自己的想象力和创造力全部倾注在饮食文化之中获得慰藉，而不致悲观绝望。

不仅如此，当外来民族来到中国，面对令人垂涎的中华美食，他们的胃首先开始背叛原有的文化，在味蕾的刺激下，他们进入中华美食的殿堂，从此欲罢不能，在丰富而精致的中华饮食文化面前败下阵来。从起初的美食品尝到学习由饮食文化延伸发展出来的中国礼仪文化，再进一步探究文化内涵……"同化"就在这样的潜移默化之中完成。

所以说，中国自商朝以来，虽经历了两次大规模的外来游牧民族统治，但传统文化作为中华文明的根基，不但未能被摧毁，反而整合甚至同化了其他民族文化。这其中，中华饮食文化的博大精深虽不是唯一但却是主要因素之一。

我们再来看看其他因素。

信仰方面。历史上，许多国家的宗教信仰都具有专一性和排他性。所以，当一个国家被外族攻占后，伴随而来的是其民众的宗教信仰被另一种同样具有排他性的宗教所强制取代，植根于宗教的文化、文明自然也会遭遇毁灭性的打击。

但中国传统宗教的核心是天神崇拜和祖先崇拜。中国人对日月星辰、天神和祖先的崇拜决定了其信仰的多样性。这种信仰的多样性也形成了中华民族文化多样性的特征。

正如生物多样性是地球生命的支撑体系和基础，文化的多样性也让中华文化具有更强大的生命力。中华文化的兼容并蓄，往往令每个外来人都能在其中找到一些令自己感兴趣又感到舒适的地方。

它就像大海一样，海纳百川，所以不会像河流或溪流那样容易干涸或断流，而大江、大河奔流到海，则终将成就海的浩瀚。

比如说，古代中国人的着装被称为"汉服"，17世纪，满族占领中国建立清朝。满族女子的服装为旗袍，在中国女子眼里，旗袍比汉服更能体现女性的婀娜身姿，于是乎，改良的旗袍后来成了中国女子衣柜里的必备品。现在每逢中国传统节日，许多女子仍然会穿上旗袍盛装出席。

中国有句成语"木强则折"，质地硬的木材反而容易折断，所以，中国人普遍相信，做事一味强硬容易招致失败。

笔者在德国生活多年，在赞叹德国人"工匠精神"的同时，也时时为德国人的固执和不妥协感到隐隐担忧。中华民族文化的多样性，使中国人自古以来就对外来事物具有强烈的好奇心，他们不会排斥任何陌生的、新奇的事物，而是善于吸纳外来文化的精华，并将之转化为自己民族文明内涵的组成部分。

另外，中国从古代开始就形成的庞大人口基数，让外来入侵者望洋兴叹。公元前221年秦始皇统一中国时，中国人口在3000万左右，根据史学家的数据，占当时世界人口总数的23%—25%。

当然，有人会对这一论点提出质疑，因为古印度也人口众多，为何没能保住印度河文明？这其中就有身份认同和文化归属感的问题。

印度一直没有统一的语言和文字，笔者曾经在德国遇到几位印度人，他们互相之间用英语交流，一了解，原来英语在印度更具备官方语言的地位。印度历史上先后被雅利安人、波斯人、阿拉伯人入侵。公元前 1500 年左右，当雅利安人入侵印度时创立了印度种姓制度，从那时候起，征服者雅利安人作为高阶种姓的族群，逐渐将雅利安哲学和宗教精神贯注于印度人的生活之中并替代了古印度文化和文明。而这种严格的等级制度无疑严重地制约了印度文化及文明的发展。

几乎与此同时，中国古代君王商汤则提拔了一位出身奴隶的家厨当丞相，就连商汤之后的君王们也都对伊尹毕恭毕敬。

一个"任人唯贤"的国家，民众才能感受到希望，才能产生强烈的归属感，如此，国家才有凝聚力。古代中国与古印度在此方面的举措泾渭分明，民族的向心力自然也不一样。

而中国人的自我身份与文化认同感也确实较其他民族强烈。

笔者有一位邻居是西班牙人，但他一直对外强调他是巴斯克人，每天夫妇俩都会在家教一对儿女学习巴斯克语。一种说法是，这个目前主要居住在西班牙中北部以及法国西南部的民族，全球竟有大约一千八百万人，还有一种说法是不足一千万人。不管怎样，巴斯克语是一种完全独立的语言与文字，与其他语言没有任何关联。每次与邻居交谈，大家能感受到的都是关于巴斯克文化的滔滔不绝以及巴斯克人的骄傲。

再来看看德国。遍布世界各地的德裔人士已与德国本土人口数相当。按照中国人的说法，爷爷奶奶都是德国人的美国总统特朗普也与德国沾亲带故。但特朗普本人不但不承认，他在开口闭口"让美国重新伟大"的同时，还常常指责说"德国人很坏"。

而其他德裔人士也大都"入乡随俗",融入了当地的文化和生活之中,外人只能从他们的姓氏中,辨识出些许德国的痕迹。

但中国人却不一样。说得文艺点儿,中国人是揣着家乡的山水闯荡世界,无论中国人把家安在何处,那个家中处处都是中国的味道和印记,厨房、书房、客厅……

中国人这种强烈的身份认同及文化归属感,使中华文明就像不熄的火种,偶尔微弱,但永在闪烁。

这种归属感的形成,概因中国两千多年前就是一个统一的国家。

中国历史上第一个使用"皇帝"称号的君王为秦王嬴政(前259—前210年),自称"始皇帝",后世称其为"秦始皇",秦始皇13岁即位,在位37年。

其统治期间,统一了中国,建立起中央集权制,并在中国北部修筑长城用以抵御北方游牧民族的侵袭,除此之外,秦始皇还在中国统一了文字、货币、度量衡、车辙。这些举措一方面用典章制度和统一的文化建立起了一个庞大的帝国;另一方面,大一统的局面也使人们交流、交易、出行变得更为便捷,有力地促进了中华民族的融合,加强了民众的归属感。

中国历史上曾两度由外来游牧民族建立中央政权。公元1279年,在崖山(位于今广东省江门市),南宋军队与元朝军队进行了最后的决战,南宋军队战败,左丞相陆秀夫背着年仅9岁的小皇帝跳海殉国。另一次是1644年,明崇祯皇帝自缢于北京煤山。同年，清军由山海关进入北京城，并逐渐确立在全国的统治。

许多人对此感到困惑，南宋及明朝后期，中国人口已经过亿，为什么会败给人口基数少得多的游牧民族？

其实，尽管人类历史的车轮一直在向前发展，但人类文明却可能出现倒退现象。高度文明带来的除了富饶的物质生活之外，还有丰富的精神生活。在文化与文明的熏陶下，人们学会了对生活中美的欣赏和享受，并本能地对战争及暴力行为深恶痛绝，因为战争代表杀戮和对美的摧毁。而低文明群体则常常因为垂涎别人的丰饶富庶而发动战争，又因为他们没有文明带来的良知和道德的束缚，而在战争中表现得格外血腥与残暴。这无疑使他们在古代那种短兵相接的战斗方式中占据明显的优势。

但战争结束之后，要统治文明程度更高的群体，游牧民族却无能为力。于是，一方面，他们不得不启用汉族官员，采纳汉族的政治制度来管理国家；另一方面，为了更好地统治如此庞大的帝国，游牧民族只好放弃自己的语言，开始学习中文。时间一久，曾经的征服者反而失去了自己的语言和文字，而被先进的文化给同化了。

中国人的生存智慧，世人从中国古代最著名的哲学著作之一《老子》中可见一斑。其"夫唯不争，故天下莫能与之争"的思想，影响了一代接一代的中国人。几千年来，中国人遵循韬光养晦的古训，守护着自己的文明。支撑这份坚守的，是中国人千古未变的忍耐力、意志力和顽强的生命力。

龙 舟

罗宏 / 摄

参考文献

（汉）张仲景著:《注解伤寒论》，人民卫生出版社 2012 年版。

（汉）戴圣编:《礼记》，团结出版社 2017 年版。

（唐）陆羽等著:《茶经译注》，宋一名译，上海古籍出版社 2009 年版。

（清）王永彬著:《围炉夜话》，申楠译，北京联合出版公司 2015 年版。

（清）李亦畬著:《王宗岳太极拳论》，北京科学技术出版社 2016 年版。

吕思勉著:《中国简史》，北京联合出版公司 2014 年版。

吕思勉著:《中国通史》，吉林出版集团有限责任公司 2013 年版。

杨伯峻译注:《论语译注》，中华书局 2006 年版。

傅维康、吴鸿洲著:《黄帝内经导读》，中国国际广播出版社 2011 年版。

上海中医药大学编:《近代中医流派经验选集》，上海科学技术出版社 2011 年版。

严仲铠、丁立起主编:《中华食疗本草》，中国中医药出版社 2018 年版。

陈高华等著:《插图本中国风俗通史丛书》，上海文艺出版社 2018 年版。

王镛主编：《中国书法简史》，高等教育出版社 2004 年版。

廖奔、刘彦君著：《中国戏曲发展史》，中国戏剧出版社 2013 年版。

《上海通志》编纂委员会编：《上海通志》，上海人民出版社 2005
年版。

李小建主编：《经济地理学（第三版）》，高等教育出版社 2018 年版。

王振主编：《2016 长三角地区经济发展报告》，上海社会科学院出版
社 2016 年版。

王振主编：《2018 长三角地区经济发展报告》，上海社会科学院出版
社 2018 年版。

唐绪军主编：《中国新媒体发展报告 No.9(2018)》，社会科学文献出
版社 2018 年版。

图书在版编目（CIP）数据

关于中国的 50 个为什么 / 杨坚华，（德）托马斯·利比希 著 . – 北京：
　东方出版社，2019.11
ISBN 978-7-5207-1046-6

I. ①关…　II. ①杨… ②托…　III. ①文化 – 概况 – 中国　IV. ① G12

中国版本图书馆 CIP 数据核字（2019）第 109194 号

关于中国的 50 个为什么
（GUANYU ZHONGGUO DE 50 GE WEISHENME）

作　　者：杨坚华　［德］托马斯·利比希
责任编辑：刘可扬　冯艳玲
版权统筹：陈冰洁
装帧设计：汪　莹
责任校对：余　佳
出　　版：东方出版社
发　　行：人民东方出版传媒有限公司
地　　址：北京市东城区朝阳门内大街 166 号
邮政编码：100706
印　　刷：北京盛通印刷股份有限公司
版　　次：2019 年 11 月第 1 版
印　　次：2019 年 11 月北京第 1 次印刷
开　　本：880 毫米 ×1230 毫米　1/32
印　　张：10.125
字　　数：202 千字
书　　号：ISBN 978-7-5207-1046-6
定　　价：56.00 元
发行电话：(010) 64258117　64258115　64258112